Bita Schaf

FREIHEIT UNTERM SCH
Frauen i

Bita Schafi-Neya

Freiheit
unterm Schleier
Frauen im Iran

braumüller

Bibliografische Information der Deutschen Nationalbibliothek
Die Deutsche Nationalbibliothek verzeichnet diese Publikation in der
Deutschen Nationalbibliografie; detaillierte bibliografische Daten
sind im Internet über http: // dnb.d-nb.de abrufbar.

1. Auflage 2017
© 2017 by Braumüller GmbH
Servitengasse 5, A-1090 Wien
www.braumueller.at

Bildnachweis: Archiv Bita Schafi Neya
Coverfoto: shutterstock.com | © Ruslan Shugushev
Lektorat: Mario Wurmitzer
Druck: FINIDR, s.r.o., Lípová 1965, 737 01 Český Těšín
ISBN: 978-3-99100-219-2

Für meine Tochter Mina

Inhalt

Prolog

Frauen im Iran: Ski fahren auf 4000 Metern, Motorradrennen, Botschafterin oder weltweit einzige Frau an der Spitze einer großen nationalen Luftfahrtgesellschaft – dies alles steht im Zeichen der islamischen Revolution. Andererseits ein miserables Scheidungsrecht, Kopftuchpflicht und Sittenwächter, Gängelung oder Verhaftung von kritischen Iranerinnen. Dagegen erstaunlich: Die staatlich vorgeschriebene Frauenquote von 60 Prozent in manchen Studiengängen. Kopftuch und Lebenslust – geht das für Iranerinnen? Wie ist die Tatsache einzuordnen, dass mehr Frauen in Führungspositionen der Wirtschaft sitzen als in Deutschland? Freiheit von Kunst und Kultur – wo sind die Grenzen? Wie leben Iranerinnen jüdischen und christlichen Glaubens? Gibt es freie Liebe und wie wird sie organisiert und wie gehen die islamischen Machthaber mit dem Thema Prostitution um? Warum lassen sich unglaublich viele Iranerinnen die Nase operieren und wie ist die Stellung der Iranerin in Familie, Beruf und Haushalt? Und natürlich das Thema Steinigung für Ehebruch: Zuletzt nachgewiesen 1991 in einer verlassenen Landregion, aber immer wieder kolportiert und als Beispiel für archaisches Unrecht gegen Frauen angeführt – gibt es das? Genährt vom politisch motivierten medialen Negativ-Trommelfeuer gegen Iran ist auch in vielen Köpfen ein Bild der Lage der Frauen entstanden, welches mit der Wirklichkeit oft nicht übereinstimmt. So schwärmen allein reisende europäische Frauen von der Hochachtung und der Höflichkeit, mit der ihnen iranische Männer begegnen. Westliche Besucher sind vom Selbstbewusstsein der Frauen im Alltag – vor allem in den großen Städten des Landes – überrascht. Vielen ist nicht bewusst: Iran gehört nicht zur arabischen Welt, sondern hat indogermanische (Sprach-)Wurzeln. Dieses Buch schildert den Alltag der Iranerinnen aus verschiedenen Sichtweisen, wirft immer wieder einen Blick auf 100 Jahre Frauenbewegung in Persien und vermittelt darüber hinaus interessante Einblicke in ein faszinierendes Land, in dem Deutsche so willkommen sind wie sonst wohl nirgends auf der Welt.

Mode: Pflicht und Kür

Freiheit unterm Schleier

Wie geht es frau unter dem Schleier? Millionen von „westlichen" Beobachtern wissen die Antwort, wenn man die sozialen Medien studiert. Da wird die Nase gerümpft, der Kopf geschüttelt, die Frauen werden bedauert und auf die Männer wird geschimpft, die ihre Gattinnen verstecken und unterdrücken. Die Bilder von scheinbar unterdrückten, tief verhüllten Frauen waren ja überall präsent und bekannt. Ob durch das Buch „Nicht ohne meine Tochter" auf Iran bezogen, ob durch Geschichten von geflohenen saudi-arabischen Prinzessinnen oder durch Presseberichte über türkische Frauen bei uns. Viele Menschen assoziieren den Islam mit „dem Schleier" und diesen wiederum mit der Unterdrückung der Frauen.

Doch in der Realität gibt es große Unterschiede in Bezug auf den Begriff „Schleier", arabisch „Hijab". Die verschiedenen Kopfbedeckungen und Kleidervorschriften unterscheiden sich nicht nur im Äußeren, sondern auch in ihrer Bedeutung. Die Burka wird hauptsächlich in Afghanistan getragen. Ein meistens blauer Umhang aus schwerem Stoff verdeckt den ganzen Körper wie ein Zelt. Der im Iran übliche Tschador – ein langer schwarzer Umhang – lässt das Gesicht frei. Die langen weißen Kopftücher von muslimischen Frauen in Ägypten oder der Türkei gehen bis über die Schulter. Viele Musliminnen tragen lediglich bunte Kopftücher passend zum eng anliegenden Kleid oder zum Mantel oder zu Jeans.

Wenden wir uns zunächst mal der äußeren Erscheinung zu:

Die **Burka** ist in Afghanistan und Pakistan weitverbreitet. Meistens ist das Gewand aus einem großen blauen Stoff, mit dem oben eine flache Kappe vernäht ist. Der Umhang wird über den Kopf gezogen. Dabei sind die Frauen bis zu den Zehenspitzen verhüllt. Die Augen sind hinter einem feinmaschigen Gitter versteckt. In Pakistan allerdings lässt die Burka die Augen frei. Diese Form von Ganzkörperschleiern, die das komplette Gesicht verdecken, ist die strengste Form der Verhüllung des weiblichen Körpers im Islam.

Der **Burkini** ist ein zweiteiliger Schwimmanzug für Frauen. Er hat eine integrierte Kopfbedeckung und erfüllt die Anforderungen des Hijab. Der Begriff „Burkini" setzt sich aus Burka und Bikini zusammen.

Der **Tschador** ist ein in aller Regel schwarzes Tuch, das die Form eines Halbkreises hat. Er bedeckt den ganzen Körper. Das Wort „Tschador" bedeutet im Persischen „Zelt." Selten ist er auch farbig oder mit Blumenmustern bedruckt zu sehen. Das Gesicht wird in der Regel freigelassen. Der Tschador ähnelt der Burka, wird aber hauptsächlich im Iran getragen. Das Tuch wird über den Kopf und den Rumpf geschlungen, sodass lediglich das Gesicht frei bleibt. In der Öffentlichkeit wird der Tschador über der eigentlichen Kleidung getragen. Er ist eine Folge der islamischen Revolution, die den Frauen die Verschleierung vorschreibt.

Der **Niqab** wird hierzulande oft mit der Burka verwechselt. Beim Niqab ist das Gesicht fast vollständig verdeckt, ein schmaler Schlitz lässt die Augen freiliegen. Bei der Burka hingegen sind die Augen hinter einem Netz verborgen. Der Niqab wird häufig in Kombination mit einem Tschador getragen oder einem anderen langen, meist dunkel gefärbten Gewand. Dabei wird der Stoff um den Kopf und Körper gelegt. Er ist vor allem auf der Arabischen Halbinsel verbreitet, wird aber auch von Frauen im Irak, Syrien, Jordanien, Ägypten und in nordafrikanischen Ländern benutzt. Seinen Ursprung hat der Niqab in der Beduinenkultur auf der Arabischen Halbinsel. Er diente in erster Linie als Sonnenschutz.

Der **Hijab** ist die am weitesten verbreitete Form der Verhüllung unter Muslima. Dabei wird ein Kopftuch um die Haare gewickelt und unter dem Kinn zu einem Knoten zusammengebunden. Haare, Ohren und oft auch die Schultern sind dabei verdeckt. Solch einen Hijab gibt es in den verschiedensten Farben und er ist in vielen muslimischen Ländern Pflicht.

 Burka

 Burkini

 Tschador

 Niqab

 Hijab

Die westlichen Vorurteile über unterdrückte Frauen haben paradoxerweise zur Verbreitung des Hijab mit beigetragen. Für viele Frauen ist der Schleier ein Zeichen von Kultur und Identität geworden: Sie tragen ihn stolz, vor allem in Ländern, in denen sich Musliminnen, wie zum Beispiel Türkinnen in Deutschland, in der Minderheit befinden und Ängste vor dem Islam verbreitet sind. In Ländern mit muslimischer Mehrheit hingegen, wie in Ägypten, spielen auch politische Gründe eine Rolle: Hier ist der Schleier oft eine Reaktion auf kulturelle Verwestlichung im Rahmen der Globalisierung oder symbolische Ablehnung westlicher Politik.

Frauen, die um ihre Rechte kämpfen, gab es schon lange in muslimischen Ländern. Anfangs setzten sie sich Seite an Seite mit Männern für die Unabhängigkeit von Kolonialmächten sowie für Fortschritt und Reformen ein. Später ging es Generationen von muslimischen Frauenrechtlerinnen hauptsächlich um ihr Wahlrecht, um politische Partizipation, das Recht auf schulische wie universitäre Bildung und um das Recht, einen Beruf ausüben zu dürfen. Zu jener Zeit waren sie eher säkular ausgerichtet und haben sich gegen die Einführung der Scharia, des islamischen Rechts, ausgesprochen. In den vergangenen Jahren haben sich jedoch auch innerhalb der islamischen Bewegungen Frauen stark gemacht und sie fordern ihre Rechte im Rahmen ihrer Religion. Ob säkular begründet oder religiös: Besonders umstritten sind die vom islamischen Gesetz bestimmten Vorschriften, welche Heirat, Scheidung und Kinderversorgung regulieren.

In Afghanistan allerdings war dies nicht der Fall, denn die Frauen haben dort sehr unter dem Talibanregime gelitten. Während der Regierungszeit der Taliban im islamischen Emirat Afghanistan von 1996 bis 2001 wurde das System der Taliban international besonders durch die Misshandlungen von Frauen bekannt. Sie wurden gezwungen, in der Öffentlichkeit eine Burka zu tragen. Außerdem durften sie nicht ohne Erlaubnis alleine das Haus verlassen, nicht arbeiten, ab dem Alter von acht Jahren nicht in die Schule gehen – bis dahin war der Unterricht auf die Lehren des Koran beschränkt gewesen. Frauen, die eine höhere schulische Ausbildung anstrebten, waren gezwungen,

Schulen im Untergrund zu besuchen. Sie durften auch nicht alleine zum Arzt gehen, was dazu führte, dass viele Krankheiten unbehandelt blieben. Nach der Zeit der Taliban haben sich die Rechte der Frauen zwar geändert, aber sie werden oft nicht umgesetzt.

Natürlich entscheiden sich Frauen auch aus religiösen Gründen zu einer Kopfbedeckung. Im Koran wird der Schleier jedoch am Rande und nur vage als „Bedeckung" erwähnt. Außerdem hat sich die Einstellung zum Schleier mit der Zeit gewandelt. Heute ist der Schleier vielfach das Ergebnis von spezifischen wirtschaftlichen und sozialen Entwicklungen. Die schlechte wirtschaftliche Lage in vielen muslimischen Ländern ist mit dafür verantwortlich, dass Frauen arbeiten gehen, obwohl sie eigentlich die Rolle als Hausfrau und Mutter vorziehen würden. Sind sie dann gezwungen, sich an Orten mit vielen Menschen aufzuhalten, benutzen sie den Hijab als symbolisches Mittel, sich in der Öffentlichkeit abzugrenzen und ihren guten Ruf zu wahren. Obwohl es für uns paradox klingt, bedeutet der Schleier in solchen Situationen nicht Unterdrückung, sondern mehr Freiheit.

Kopftuch und Lebenslust

In meiner Kindheit kamen mir häufig schwarz vermummte Frauen und streng dreinblickende Sittenwächter in den Sinn, wenn ich an Iran dachte. Doch inzwischen sieht es anders aus. Die Kopftücher sitzen immer lockerer und rutschen weiter nach hinten. Häufig sind sie nur noch ein Modeaccessoire und werden von den Frauen ganz elegant über die hochgesteckten Frisuren gelegt. Die Mäntel werden kürzer, modischer und vor allem bunter. Die Natur hat die Iranerinnen großzügig mit Reizen bedacht und sie verstehen sich zur Schau zu stellen. Röhrenjeans unter hautengen Überwürfen sind keine Seltenheit mehr. Die Kopfbedeckung ist zwar noch Pflicht, aber die Regeln haben sich gelockert. So dürfen die Frauen inzwischen auch Fahrrad fahren, was im Jahre 2002 noch verboten war. Damals flogen mein Mann und ich auf Hochzeitsreise nach Iran. Während dieser Reise lernten wir die Studentin Maryam und ihren Freund Reza kennen. Es war nach langer Zeit wieder meine erste Reise in meine „zweite Heimat". Damals regierte Präsident Chatami das Land. Ein eher gemäßigtes Staatsoberhaupt, das versuchte, die Islamische Republik liberaler zu gestalten. Zweimal war er Präsident des Landes (1997–2005). Eine überwältigende Mehrheit hatte ihn damals gewählt, 75 Prozent bei der ersten, 60 Prozent bei der zweiten Wahl. Als er 1997 vom Volk gewählt wurde, gaben mehr als 20 Millionen Iraner dem religiösen Reformer ihre Stimme. Chatami sprach von einer modernen Interpretation des Islams und gab das Versprechen von Freiheit und Demokratie im Rahmen der iranischen Verfassung. Jugendliche und besonders Frauen hatten entscheidenden Anteil an seiner Wahl.

Im Westen reagierte man auf die Wahl des Mannes mit Staunen. Die Islamische Republik galt den meisten als ein finsterer Ort, bevölkert von rückständigen Fanatikern, die ein repressives System errichtet hatten. Ganz plötzlich brachte dieses Land einen Reformer hervor, der vor allem von der Jugend wie ein Popstar verehrt wurde. Schließlich war der Wunsch nach Freiheit, Farbigkeit, Freude, Lachen und einer Welt frei von Krieg und Gewalt groß und rief die bekümmerten Herzen wach.

Als ich gegenüber meinem Mann damals den Wunsch äußerte, nach Iran reisen zu wollen, war er gleich Feuer und Flamme. Wir buchten eine organisierte Reise und machten uns auf den Weg. Damals gab es nur wenige Touristen, die es wagten, das Land zu bereisen. So waren wir die einzigen Gäste dieser Reisegruppe:

Maryam ist unsere Reiseleiterin in Teheran. Mit ihrem Job verdient sie sich einen Teil ihres Studiums. Sie stammt aus einer eher einfachen Familie – ihr Vater ist Busfahrer, ihre Mutter ist Hausfrau und kümmert sich überwiegend um Maryam und ihre zwei Geschwister. Manchmal, wenn das Geld nicht reicht, geht sie putzen. Wenn Maryam das Haus verlässt, trägt sie immer einen Hijab – eine Kopfbedeckung, bei der kein einziges Haar herausguckt. „Ich trage das Kopftuch aus Überzeugung und nicht, weil es mir vorgeschrieben wird", sagt Maryam selbstbewusst. Sie lacht gern. Dann bekommt sie kleine Grübchen und ihre haselnussbraunen Rehaugen mit den fein gezupften, nachgezogenen Augenbrauen strahlen übers ganze Gesicht. Auf den Straßen begegnen uns immer wieder Frauen im Tschador (ein schwarzer, langer Umhang) und mit farblosen Kopftüchern – sie wirken auf mich wie schwarze Raben. Die traditionelle Kleidung überwiegt. Es ist eine Mischung aus Tradition, Religiosität, Anpassung und Druck vom Elternhaus, die viele Frauen nach wie vor zum Tschador greifen lässt. Die Sittenpolizei ist zu dieser Zeit auch noch sehr präsent. In regelmäßigen Abständen geht die Regierung hart gegen Leute vor, die angeblich gegen Sitte und Moral verstoßen.

Man erkennt diese jungen Männer auch heute noch an ihren Flaumbärtchen, Palästinensertüchern und Cargohosen. An den Kreuzungen sitzen sie in ihren Autos. Die Sittenwächter fahren weiße Wagen mit einem grünen schmalen Streifen um die Karosserie. Sie halten Ausschau nach Iranerinnen, die ihrer Meinung nach nicht richtig gekleidet sind. Sitzt vielleicht das Kopftuch nicht richtig, werden sie angesprochen und zur Räson gebracht. Meist bleibt es bei einer Verwarnung. Doch werden die Mädels aufmüpfig, kommt es auch schon einmal vor, dass sie mit auf die Wache müssen. Ich habe es erst kürzlich bei einem meiner Aufenthalte im Iran miterlebt, wie eine junge Frau von Sittenwächtern angesprochen wurde. Ihr Mantel sei zu weit geöffnet und auch ihre langen Haare würden zu sehr rausgucken. Weil sie eine schnippische Antwort gab und frech wurde, nahmen die Beamten ihre Personalien auf und riefen ihre Eltern an. Die mussten sie dann abholen und sich eine Standpauke anhören. Freunde haben mir erzählt, dass in den 8oer-Jahren häufig illegale Geburtstagspartys oder Hochzeitsfeiern gesprengt und einige Gäste sogar verhaftet wurden. Das war damals, doch inzwischen kommt für viele junge Frauen der schwarze Schleier nicht mehr infrage. Teheran ist bunt geworden. Wo früher die Iranerinnen fast ausnahmslos wie schwarz-graue Schleier über die Straßen und öffentlichen Plätze huschten, gibt es heute eine Fülle greller Farbkleckse. Wie ein Regenbogen, der den Himmel strahlen lässt. Inzwischen kontrollieren die Sittenwächter auch nicht mehr so viel. Präsident Rohani hat es ihnen sogar zeitweise verboten.

Zu Touristen allerdings waren sie damals schon nett und freundlich. Mein Mann erzählt heute noch gerne mit einem Schmunzeln im Gesicht, wie er von der Polizei angesprochen wurde. Martin spazierte alleine durch die Straßen, weil ich an diesem Abend Kopfweh hatte und im Hotel blieb. Plötzlich kam mein Mann an einer Polizeistation vorbei. Die Beamten sahen gerade irgendein spannendes Fußballspiel. Martin lugte um die Ecke und plötzlich sprachen

Etage der Name: „Azad-Hotel"– „Hotel Freiheit". Es wirkt auf uns ein wenig wie Satire.

Nachdem wir ein paar Tage Teheraner Luft geschnuppert haben, verlassen wir die Millionenstadt und reisen mit dem Bus über Isfahan, eine der schönsten Städte des Orients, nach Shiraz – die Stadt der Rosen und der Dichter. Hier ist die Atmosphäre gleich viel angenehmer. Am nächsten Morgen machen mein Mann und ich uns alleine auf den Weg durch die Innenstadt. Anders als in manch anderen arabischen Ländern sind Frauen im Stadtbild präsent. Auf den Basaren, Straßen und Plätzen sind mehr als die Hälfte der Menschen weiblich. Überall, wo wir ihnen begegnen, werden wir freundlich angelächelt. Schließlich erkennen sie gleich, dass mein Mann Europäer ist. Und weil es natürlich so wenig Touristen gibt, fallen wir auf, aber keineswegs unangenehm. Denn häufig werden wir auf offener Straße angesprochen: „Willkommen im Iran!" – „Wie gefällt es Ihnen bei uns?" „Schön, dass Sie hier sind!" Immer wieder werden wir freundlich begrüßt und in Gespräche verwickelt – zwar auch von einigen Männern, aber überwiegend von Frauen: alten, jungen oder Schulmädchen. Kampf der Kulturen? Hass auf Ungläubige? Das mag es geben, wir aber erleben nur das Gegenteil.

In Shiraz endete auch unsere eindrucksvolle Hochzeitsreise. Ein paar Monate später, als wir schon wieder in Deutschland waren, bekamen wir einen Anruf von Reza: „Maryam und ich haben geheiratet", erzählt er mit stolzer Stimme. Mein Mann und ich haben uns sehr über die Nachricht gefreut. Ein paarmal haben wir noch hin und her gemailt oder telefoniert. Leider haben wir die beiden später aus den Augen verloren.

Hundert Jahre Frauen- bewegung I (1921–1940)

Der Westdeutsche Rundfunk bringt es in einem Hörfunkbeitrag auf den Punkt: *„Für viele Frauen und Männer im schiitisch geprägten Land ist die Politik des Diktators ein Angriff auf ihre innersten Werte. Manche trauen sich jahrelang nicht auf die Straße, weil sie so entblößt nicht von Männern gesehen werden oder so freizügig gekleidete Frauen nicht anschauen wollen. 1941 muss der Schah abdanken. Die Engländer zwingen ihn wegen seiner zu engen Freundschaft mit Hitler-Deutschland zum Thron-Verzicht. Sogleich kommt es zu Demonstrationen gegen die vom Schah eingeführte Verwestlichung. Viele Frauen legen das Kopftuch demonstrativ wieder an. Das Verbot verschwindet in der Versenkung, aber der neue Herrscher, der Sohn des Schahs, setzt die westliche Modernisierungspolitik fort. Nach dem Krieg spaltet sich das Land zunehmend in eine europäisch orientierte Oberschicht und die breite Masse der armen Leute. Die orientieren sich umso stärker an der Religion, als sich die Politik des neuen Reza Pahlavi von ihren Nöten entfernt."*

Das ganze Land debattierte über die umstrittene Verordnung. Fortan ordnete die Staatsmacht an, den Frauen auf den Straßen die Tücher vom Kopf zu reißen. Das hatte zur Folge, dass viele traditionell eingestellte Väter ihren Töchtern den Schulbesuch und ihren Frauen außer Haus zu arbeiten oder auch nur einkaufen zu gehen verboten haben. Allerdings waren von der Kleiderordnung auch Männer betroffen: Sie wurden gezwungen, Turban (Kopfbedeckung) und Kaftan (langes Gewand) abzulegen und europäische Anzüge zu tragen. Es war jedoch nur eine von vielen tiefgreifenden Reformen, mit denen der damalige König sein Volk in Aufruhr versetzte. Es folgte die Abschaffung der Unabhängigkeit der islamischen Gerichte. Nur noch ein vom Schah genehmigter Hofgelehrter durfte in Fällen des Ehestandes und in religiösen Fragen entscheiden. Reza Schah führte außerdem die französische Sprache am Hof ein. Seinen Sohn, den späteren Schah Mohammad Reza Pahlavi, schickte er zur Ausbildung in die Schweiz.

Frauen
im Alltag

Freiheit hinterm Steuer

Wenn es einen Ort gibt, an dem man mit Iranern ins Gespräch kommt, dann ist es das Taxi. Hunderttausende Menschen benutzen es täglich, um in der 15-Millionen-Stadt Teheran von einem Termin zum anderen zu kommen, auch wenn es ein ganz gut funktionierendes Nahverkehrssystem gibt mit inzwischen vier Metrolinien und mehreren Buslinien. Doch das reicht einfach nicht aus, um die Millionen von Fahrgästen täglich von A nach B zu bringen. Aus diesem Grund sind die Taxis eins der wichtigsten Fortbewegungsmittel im Iran und bei der Bevölkerung sehr beliebt. Auch ich persönlich fahre gerne Taxi, weil es so bequem ist. Man stellt sich einfach an den Straßenrand, hält beiläufig den Arm leicht schräg nach unten und schon kurze Zeit später hält eines von den gelben, grünen, weißen oder schwarzen Fahrzeugen an. Die unterschiedlichen Farben haben allerdings nichts zu bedeuten. Viele haben einen orangefarbenen, breiten Streifen an der Seite und ein Schild auf dem Dach, auf dem steht: Teheran Taxi. Man steigt einfach ein und schon geht es los. Das Ziel wird während der Fahrt besprochen. Aber man sollte vorher einen Preis aushandeln. Denn es kann auch passieren, dass man sich nicht einig wird, und der Fahrer dann einfach weiterfährt. Der Fahrpreis orientiert sich an der Länge der Strecke und daran, ob der Fahrgast Einheimischer oder Ausländer ist. Auch ich muss jedes Mal aufpassen, damit ich nicht übers Ohr gehauen werde. Bei einer meiner letzten Fahrten ist der Taxifahrer einfach einen Umweg gefahren, leider hatte ich es zu spät bemerkt. Na ja, dafür ist Taxifahren im Vergleich zu Deutschland relativ günstig. Je nach Laune und Wegstrecke kostet solch eine Fahrt zwischen einem und fünf Euro.

Seit einigen Jahren rollen auch spezielle Frauen-Taxis durch die Straßen von Teheran. Aber nicht etwa wegen der Geschlechtertrennung wie in den Bussen, wo Frauen hinten und Männer vorne sitzen, sondern wegen der Sicherheit. Hellgrün ist ihre Karosserie, auf dem in Schwarz „Frauen-Taxi" auf Englisch und Farsi steht: ein Taxiservice von Frauen für Frauen. Mit einer Fahrerin fühlen sich die Kundinnen sicherer. Außerdem lenken die Iranerinnen ihre Taxis zuverlässiger durch den chaotischen Verkehr im Moloch Teheran. Deshalb sind die Fahrerinnen auch bei den Eltern besonders beliebt, die ihre Kinder mangels Schulbussen per Taxi zur Schule schicken. Inzwischen sind in der Hauptstadt eine ganze Reihe von Frauen-Taxi-Unternehmen gegründet worden. Anders als in Europa, wo sich das vom Feminismus inspirierte Frauen-Taxi nicht durchgesetzt hat, besteht im Mullah-Staat reger Bedarf. Zwar wollten die kommunalen Behörden anfangs davon nichts hören und verschlossen die Ohren, doch immer mehr Frauen beschwerten sich über die Belästigung von Männern, sodass Anfang 2007 die Verwaltung zustimmte und das erste Frauen-Taxi-Unternehmen gegründet werden konnte. Inzwischen sind die leuchtend grünen Wagen aus der iranischen Hauptstadt nicht mehr wegzudenken. Meine Freundin Banafsheh benutzt die Frauen-Taxis täglich. „Ich bekomme jederzeit ein Taxi, wenn ich eins brauche", sagt sie. „Aber auch die Sicherheit ist mir besonders wichtig, denn mit einem Mann als Fahrer würde ich mich nicht wohlfühlen." Das einzige Manko ist der tägliche Stau auf den Straßen von Teheran. „Wer hier wohnt, lebt in einem permanenten Verkehrschaos", sagt Banafsheh. „Ständig verspätet man sich, ‚Trafik' ist die Standarderklärung, warum mal wieder jemand eine Stunde oder mehr zu spät gekommen ist."

Der permanente Stau hat historische Gründe: Seit 1960 ist die Einwohnerzahl von einer auf geschätzte 15 Millionen gestiegen. Obwohl

kreuz und quer Schnellstraßen wie Breschen durch die Geschäfts-
viertel und Wohngebiete gebaut wurden, hat die Verkehrsplanung
nicht mithalten können.

Sepideh, eine Bekannte von mir, ist Taxifahrerin. Sie wohnt im
Zentrum der iranischen Hauptstadt. Täglich quält sie sich durch den
dichten Verkehr. Zentimeter um Zentimeter kriechen die Autos die
überfüllten Straßen entlang. An manchen Tagen im Sommer ist die
Stadt umhüllt vom Smog. Dazu kommen die Abgase der meist ver-
alteten Fahrzeuge, die wie eine schwarze Wolke um das Auto wa-
bern und teilweise die Sicht nehmen. Katalysatoren werden zwar
empfohlen, sind aber keine Pflicht. Es gibt Tage, an denen es kaum
vorwärtsgeht. Man muss viel Geduld und Nerven aufbringen. Auch
an den Tankstellen steht man ewig in der Schlange, weil sie oft überfüllt sind. Denn Benzin ist rationiert: 100 Liter pro Privatauto in einem Monat, an Taxis werden 600 bis 800 Liter vergeben. Das ist das
Paradoxe in diesem Land. Iran ist einer der größten Ölexporteure
der Welt, doch 40 Prozent des nationalen Verbrauchs werden eingeführt. Sepideh schüttelt verärgert den Kopf. „Das Leben ist unglaublich teuer geworden. Was soll denn noch alles passieren?" Die Preise
schnellen in die Höhe – gerade in den vergangenen Monaten. Die
Inflationsrate wird offiziell auf 16 Prozent geschätzt, liegt aber weitaus
höher. Ein Kilo Gurken kostet umgerechnet 2,50 Euro, dagegen ist
der subventionierte Treibstoff mit zehn Cent pro Liter immer noch
sehr billig. Wirkliche Hoffnung verbreiten kann man bei den derzei-
tigen trüben Aussichten nicht. Die Menschen in Teheran nehmen
es inzwischen teilweise gelassen hin und erzählen sich schon Witze:
„Wenn du in Schwierigkeiten steckst, kommt der Imam Zaman (der
zwölfte Imam, der nach dem schiitischen Glauben der Erlöser ist). Er
ist aber noch nicht aufgetaucht, weil er kein Benzin hat."

„Fahren sollte man nur nachts", sagt Sepideh wütend. „An manchen Tagen würde ich das Taxi lieber stehen lassen, aber ich brauche das Geld." Sie arbeitet tagsüber oder nachts, je nachdem, wie
es passt. Der Beruf als Taxifahrer beziehungsweise Taxifahrerin ist
ein lukratives Geschäft: 25 bis 45 Dollar am Tag können die Fahrer

verdienen – durchaus ein Spitzenverdienst im Iran. Sepideh hat einen Sohn und ist alleinerziehend. Sie hat sich vor einiger Zeit von ihrem Mann getrennt, weil er fremdgegangen ist. An ihrem Rückspiegel baumelt ein Koran in Miniformat. „Er soll mir Glück bringen", sagt sie. „Ich habe eigentlich Chemie studiert, doch es ist nicht einfach, in dieser Branche eine Arbeit zu finden, deshalb fahre ich Taxi. Mein kleines Unternehmen läuft gut, ich kann mich nicht beklagen. Viele Frauen haben konservative Ehemänner, die ihnen nicht erlauben, bei fremden Männern einzusteigen", erzählt Sepideh. Die weiblichen Fahrgäste wiederum sind die Blicke der Taxifahrer leid. „Manche glotzen permanent durch den Rückspiegel und starren die Frauen an." Iranerinnen haben das Frauen-Taxi als profitable Marktlücke entdeckt: 800 Taxifahrerinnen gibt es mittlerweile in Teheran und sie werden häufig gebucht, denn nicht nur religiöse Familien lassen ihre weiblichen Mitglieder lieber von einer Frau als einem Mann chauffieren. Zur Ausbildung als Taxifahrerin gehört auch ein Sicherheitstraining für Selbstverteidigung und sie lernen, wie man einen Autoreifen wechselt oder kleinere Reparaturen am Auto vornimmt.

„Inzwischen habe ich sieben Angestellte – weibliche wohlgemerkt, die in Schichten unterwegs sind. Täglich 24 Stunden." Die Taxifahrerinnen tragen alle die gleiche Uniform: einen weiten schwarzen Mantel, der bis über das Knie reicht, und ein grünes Kopftuch, das auch die Schultern bedeckt. Sepideh ist eigentlich gar nicht für die islamische Sittenstrenge, aber so sind eben die Regeln. Schließlich möchte sie nicht, dass eine von ihren Mitarbeiterinnen mit auf die Wache muss, weil irgendein Sittenwächter meint, ihre Kleidung sei unangemessen. Seit drei Jahren betreibt sie ihre Taxizentrale im Souterrain eines Häuserblocks im Süden der Vali-Asr-Straße. Eine Treppe führt hinunter in einen relativ kleinen Raum mit ein paar Sitzgelegenheiten für die wartenden Kunden, einem Schreibtisch mit einer Telefonanlage, einem Computer und einem Schrank mit Aktenordnern, mehr nicht. „Die Räumlichkeiten sind zwar klein, aber es reicht", meint Sepideh. „Hier ist immer was los", erzählt sie freudestrahlend. „Wenn es gerade etwas ruhig ist, sitzen wir manchmal hier und unterhalten uns einfach. Wir können dann auch mal unter uns sein. Wir fühlen uns sehr wohl in unserer kleinen Frauenwelt. Ich liebe die Unabhängigkeit, die ich durch diesen Job bekomme." Und Auto fahren liebt sie natürlich auch. „Für mich ist das Freiheit hinterm Steuer."

Frauen im Untergrund

Sobald die Sonne aufgeht, beginnt in Teheran das Verkehrschaos. Endlose Blechlawinen schlängeln sich durch die Straßen der iranischen Hauptstadt – es wird gehupt, geschimpft, um Zentimeter gekämpft. Das Leben im Stau gehört zum Alltag. Zum Glück gibt es aber eine moderne U-Bahn, die ich auch an diesem Morgen wieder benutze. Ich bin mit ein paar Freundinnen unterwegs und wir steigen bei der U-Bahn-Station Tajrish im Norden ein, wo sich auch der gleichnamige Basar befindet. Im Hintergrund leuchten die hohen, schneebedeckten Berge des Elburz. Der Metroschacht führt ganz tief hinunter. Auf endlos langen Rolltreppen oder über Treppen aus Marmorfliesen geht es runter zu den Gleisen. Wer Höhenangst hat, ist hier fehl am Platz.

Ende der 1990er-Jahre wurde die Teheraner U-Bahn in Betrieb genommen. Sie ist insgesamt fast 110 Kilometer lang und führt durch den Bauch von Teheran – der drittgrößten Stadt im Nahen Osten. Auf einer Fläche von 600 Quadratkilometern versammeln sich täglich mehr als fünfzehn Millionen Menschen und drei Millionen Autos. Die Straßen sind schon lange überfüllt. Deshalb hat das iranische Parlament im Jahr 1985 das U-Bahn-Programm gestartet. Die Bauarbeiten wurden offiziell ein Jahr später aufgenommen. Als Erstes wurde vier Jahre später die Metro-Linie 1 eröffnet – übrigens gebaut von chinesischen Firmen. Sie ist eine von fünf Linien, in der man den Staus und der Umweltverschmutzung von Teheran entgehen kann. Sie ist fast 40 Kilometer lang und führt vom wohlhabenden Norden in den ärmeren Süden. Manche Metro-Stationen tragen die Namen von „Märtyrern" des Kriegs gegen den Irak mit seiner halben Million Toten. Die Metro wird derzeit ausgebaut und soll zukünftig den Flughafen mit Teheran verbinden. Die U-Bahn ist sehr sauber, modern und preiswert. Eine Fahrt kostet lediglich ein paar Cent. Eine Jahreskarte für Bus und Bahn kostet etwa 14 Euro oder es gibt eine Plastikkarte, die immer wieder aufgeladen werden kann. Wenn man schwarzfährt, gibt es keine Strafe. Aber das ist eigentlich auch nicht möglich, denn ohne Karte öffnet sich die Drehtür zum Gleis nicht. Beim Bus werden die Fahrkarten an ein spezielles Gerät an der Eingangstür gehalten, durch einen Scanner wird der Fahrpreis automatisch abgebucht. Zu Stoßzeiten kann man allerdings auch mal ohne Karte in einen überfüllten Bus steigen. Auf einigen Türen steht jedoch: „Mit Karte zu fahren reflektiert Ihre Persönlichkeit" – das soll zumindest ein schlechtes Gewissen machen. An besonderen Festtagen wie dem Nationalfeiertag oder „Noruz" – dem iranischen Neujahrsfest am 21. März – werden die Stationen mit Flaggen und Fähnchen geschmückt. Es spielen traditionelle Musikgruppen und zur Jahreswende wird in vielen U-Bahn-Haltestellen ein Tisch mit Haft Sin aufgestellt. Sieben Elemente, die alle mit dem Buchstaben „Sin" anfangen: Sabzi (Gemüse), Sir (Knoblauch), Sendsched (Maulbeere), Serkeh (Essig), Somagh (ein spezielles Gewürz), Sib (Apfel) und Sonbol (Hyazinthen).

Wir nehmen die Rolltreppe hinunter – unten angekommen stechen uns gleich zwei Porträts an der Wand in die Augen: Es sind die Revolutionsführer Khomeini und Khamenei, der amtierende Ajatollah des Landes, die darauf abgebildet sind – wie fast überall im öffentlichen Raum. An Nachmittagen ist die Teheraner U-Bahn oft überfüllt. Auch heute ist sie mal wieder sehr voll. Dicht gedrängt stehen die Leute auf dem Bahnsteig und warten auf die nächste Bahn. Auf einer Anzeigentafel mit roter Leuchtschrift steht die Ankunftszeit geschrieben – noch zwei Minuten Wartezeit.

Wenig später kommt die Bahn leise angefahren und hält an. Sekunden später öffnen sich automatisch die Türen. Wir steigen ein und mit uns eine Gruppe lachender Mädchen. Weil kein Platz mehr frei ist, setzen sie sich einfach auf den Boden. Diejenigen, die noch schnell einen Platz ergattern konnten, sitzen sich auf blauen Plastikbänken gegenüber. Viele Fahrgäste stehen Kopf an Kopf. Einige Personen drängeln sich noch schnell in die Waggons, die Leute werden hin und her geschoben, nach vorne gestupst oder gerempelt. Aussteigen wollen die Drängler aber nicht. Der Zug ruckelt hin und her, dadurch rutschen ihre Kopftücher auf die Schultern und entblößen ihre Haare. Kein Problem, denn hier gibt es nur weibliche Fahrgäste. Denn in der U-Bahn von Teheran sind die ersten beiden und letzten beiden Waggons für Frauen reserviert. „Woman only" steht in Englisch auf den Scheiben geschrieben, dazwischen das Symbol einer Frau mit Schleier. In diese Abteile haben Männer keinen Zutritt. Auf Plakaten an vielen Wänden werden die Männer mit bunten Zeichnungen belehrt, diese Trennung zu respektieren. Anfangs haben manche männliche Fahrgäste versucht, sich in die Waggons der Frauen hineinzuschleichen. Immer wieder gab es deshalb Auseinandersetzungen mit den Sicherheitsbeamten. Daraufhin wurden Sperrwände zwischen den Frauenabteilen und den Kabinen gebaut, seitdem sei es besser geworden, erzählt meine Freundin. Die Frauen dagegen dürfen überall einsteigen. Es klingt zwar etwas grotesk, aber das hat für die weiblichen Fahrgäste durchaus Vorteile, denn hier haben sie ihre Ruhe und es ist nicht so gedrängt. Die Atmosphäre ist entspannt, hier halten sich die jungen Paare an der Hand – es stört niemanden. Andere tippen Kurznachrichten in ihre Handys oder surfen im Internet, was übrigens auch tief unten im Gewölbe funktioniert. In der U-Bahn begegnet man elegant gekleideten Frauen in farbenfrohen Gewändern oder abgetragenen Arbeitskleidern. Mehr als die Hälfte der weiblichen Fahrgäste trägt einen Tschador, denn sie sind auf dem Weg zur Arbeit. In bestimmten Berufssparten ist ein langer Umhang Pflicht, zum Beispiel für Verwaltungsangestellte. Dazwischen laufen fliegende Händlerinnen, die Büstenhalter, Slips und Handtaschen anbieten. Für Kinder gibt es bunte Kaugummis, Wasserpistolen oder Spielzeug. Auch Haushaltsartikel werden präsentiert: Handtücher, Putzlappen oder Staubwedel. Die Waren in Teheran sind relativ günstig, die Miete für einen Laden dafür hoch. Da macht es Sinn, sein Angebot in einen Stoffsack zu stecken und in der U-Bahn anzubieten. Mühsam schleppen die Frauen ihre schweren Säcke durch die Menschenmenge. Ich komme mit einer von ihnen ins Gespräch. „Entschuldigen Sie, verdienen Sie überhaupt genug mit dieser Arbeit?" – „Man verdient nicht schlecht", antwortet Nilufar mit herunterhängenden Schultern. „Aber es geht sehr auf die Gesundheit. Die Säcke wiegen eine Menge und ich habe Schulter- und Rückenschmerzen. Aber ich kann gut davon leben. Von meinem Ersparten habe ich mir vor Kurzem ein Auto gekauft. Ich habe eine Wohnung und genug zu essen. Wenn ich die Wahl hätte, würde ich allerdings lieber einen anderen Job machen", erzählt sie. Denn die Arbeit ist nicht besonders gut angesehen. Manche Fahrgäste gucken die Händlerinnen schief an. Sie empfinden die Verkäuferinnen als Last und Ruhestörer. Vor allem wenn sie klagen und jammern. Andere wiederum sind freundlich und kaufen etwas. Man kann wichtige Dinge, die man braucht, schnell bekommen, sagt ein Fahrgast.

Die meisten Händlerinnen sind Frauen, die ihren Job verloren haben. Andere sind seit dem Studium arbeitslos, weil sie gar nicht erst eine Stelle gefunden haben. So geht es vielen Studentinnen. Und die gut ausgebildeten Frauen, die jedes Jahr von den Universitäten abgehen und zum Beispiel einen Doktortitel in Psychologie oder Chemie haben, finden meistens keine richtige Arbeit. Dann versuchen sie, sich mit Gelegenheitsjobs über Wasser zu halten. Wenn es gut läuft, verdienen die Verkäuferinnen in der Metro bis zu 300.000 Tuman – das sind etwa 85 Euro – pro Tag. Ein Einkommen, das ihre Lebensverhältnisse verbessert, sie aber dafür körperlich kaputtmacht. Eigentlich ist der Verkauf von Waren in der U-Bahn verboten, doch es ist schwierig für die Sicherheitsbeamten, die Händler rauszuschmeißen. Ihnen sind die Hände gebunden, denn es gibt keine gesetzliche Grundlage, das zu tun. „Manchmal nehmen uns die

Sicherheitsbeamten einfach die Ware weg. Leider bekommen wir sie nie mehr zu sehen. Wir haben uns schon oft beschwert, doch wir sind machtlos – es bringt einfach nichts. Nur wer Vitamin B hat, bekommt etwas zurück", erzählt eine andere Verkäuferin. Dennoch lassen sie sich davon nicht abschrecken.

Nilufar verkauft Unterwäsche. Aus ihrem Stoffsack zieht sie einige Büstenhalter raus und bietet sie den Fahrgästen an. Eine Frau nimmt ein rotes Exemplar mit Spitze entgegen und prüft die Qualität des hauchdünnen Stoffs. „Nicht schlecht", sagt sie. „Was kostet der BH?" – „Mit dem passenden Stringtanga 180.000 Tuman" (umgerechnet etwa 5 Euro), antwortet Nilufar. „O. K., ich nehme das Set", erwidert die Frau und holt drei grüne Scheine aus ihrem Portemonnaie. Aus den Lautsprechern in der U-Bahn ertönt eine Stimme: „Nächste Station Doktor Schariati." Nilufar steckt schnell das Geld ein und knotet ihren Stoffsack zu, damit nichts rausfällt. Der Zug hält in der Station. Dann zieht sie ihr Kopftuch tiefer in die Stirn und verlässt schnaubend den Waggon.

Flieder
für Iran

Deutsche Unternehmerin mit duftender Idee

In kaum einem Land der Welt werden Besucher aus Deutschland mit größerer Freundlichkeit und Aufgeschlossenheit empfangen als im Iran. Das hat vielfältige Ursachen, unter anderem war das Land in den 1970er-Jahren für die deutschen Unternehmen nach den USA der zweitwichtigste Handelspartner. Aber auch kulturell ist Iran mit seinen „indogermanischen (Sprach-)Wurzeln" den Deutschen weit mehr verbunden als die benachbarten arabischen Staaten. Aktuell sehen viele im Iran den aussichtsreichsten und größten Markt seit dem Fallen des Eisernen Vorhangs mit einer vergleichsweise hoch diversifizierten Volkswirtschaft und einem riesigen Modernisierungsbedarf. Das Land verfügt über fast zehn Prozent der weltweiten Erdölreserven und über mehr als 14 Prozent der Erdgasreserven. Finanzmittel kommen dazu: Allein die im Ausland eingefrorenen Guthaben bewegen sich nach aktuellen Schätzungen zwischen 30 bis 100 Milliarden US-Dollar.

Mitte Januar 2016 kam die Bestätigung der internationalen Atomenergiebehörde: Iran hat sein Atomprogramm – wie vereinbart – zurückgefahren, die Sanktionen werden aufgehoben. International wurde diese Umsetzung positiv aufgenommen. Deutschlands Außenminister Frank-Walter Steinmeier (SPD) sprach von einem „historischen Erfolg der Diplomatie", UN-Generalsekretär Ban Ki-moon von einem „bedeutenden Meilenstein". Wirtschaftlich soll es also wieder aufwärtsgehen – Iran kann auf bessere Zeiten hoffen und versuchen, seine desolate Wirtschaft wieder in Schwung zu bringen.

Nach dem Atomdeal ist westliche Qualität gefragt, zum Beispiel aus Niedersachsen. Insbesondere die Energieindustrie, der Maschinenbau und die Fahrzeugtechnik haben im Iran beste Chancen. Anlagen und Investitionsgüter sind veraltet und während der Sanktionen wurden Waren vor allem aus asiatischen Ländern eingekauft. Jetzt möchte Iran wieder an die traditionell guten Geschäftsbeziehungen zu Deutschland anknüpfen. Schon im Frühjahr 2015 gab es wieder erste Annäherungen, als Bundeswirtschaftsminister Sigmar Gabriel nach Iran reiste, um in Teheran und Isfahan mit hochrangigen Regierungsvertretern und Vertretern der Wirtschaft zu sprechen. Auch eine 100-köpfige Delegation aus Niedersachsen mit Wirtschaftsminister Lies flog im Herbst 2015 nach Teheran und knüpfte erste Kontakte. Ein Jahr später flog erneut eine Delegation mit Lies nach Iran, um die Kontakte zu intensivieren und um eine Landesrepräsentanz in Teheran zu eröffnen. Die Vertretung soll niedersächsischen Firmen den Einstieg in den iranischen Markt erleichtern und politische und wirtschaftliche Kontakte vermitteln. Jahrelang hatten die Geschäftsbeziehungen mit Iran wegen internationaler Sanktionen praktisch auf Eis gelegen. Nach dem Wiener Atomabkommen vom Juli 2015 und der Aufhebung der Wirtschaftssanktionen sollte sich das ändern. Sowohl Iran als auch Deutschland rechneten mit lukrativen Geschäften und nahmen umgehend Kontakt auf. Der von beiden Seiten erhoffte Durchbruch blieb aber aus. Hauptgrund sind laut Halbjahresbericht des iranischen Außenministeriums deutsche und europäische Großbanken, die wegen noch bestehender Strafmaßnahmen der USA keine Iran-Deals finanzieren wollen. Konkrete Verträge können wegen der Bankprobleme immer noch nicht unterzeichnet werden.

Rund 70 Unternehmervertreter begleiten den Minister auf seiner fünftägigen Reise. Im Mittelpunkt stehen wirtschaftliche und politische Gespräche mit Regierungsvertretern sowie Firmenbesichtigungen. Mit dabei ist auch die Unternehmerin Elke Haase aus Oldenburg.

Reserviertheit, überhaupt nicht aufdringlich. Man hört es sich an und nähert sich allmählich. Im Allgemeinen fand ich das auch sehr angenehm, es ist keine Aggressivität in den Gesprächen, keine Anfeindungen, man redet freundlich miteinander, man zeigt seine Interessen."

Auch daran, dass die Uhren ein wenig langsamer ticken als bei uns in Deutschland, hat sich Elke Haase im Laufe der Zeit gewöhnt. Es kann manchmal Monate dauern, bis ein Geschäft zustande kommt. Elke Haase ist ein geduldiger Mensch: „Ja, dann ist wieder Ramadan, dann ist dies oder das. Also, das zieht sich alles in die Länge und ich denke mal, da dürfen wir jetzt keine Projekte verfolgen, bei denen es zeitlich drängt. Das hat für mich auch gleich festgestanden. Es muss nicht gleich alles morgen passieren. Manchmal dauert es eben, bis man eine Resonanz aus dem Land bekommt."

Natürlich interessiert mich auch, was Elke Haase so im „Alltag" erlebt hat. „Ich war auf dem Basar, dort war es immer wieder sehr ruhig und ich bin interessanten Leuten begegnet, die nicht aufdringlich waren, die gerne ihre Produkte gezeigt haben. Für mich als Europäerin war das eine ganz angenehme Atmosphäre. Ich bin nie angesprochen, immer respektvoll behandelt worden. Mein erster Eindruck war auch, wie sauber alles war, also sehr gepflegt, die Straßen zum Beispiel. Ich war auch ganz überrascht, wie grün Teheran ist, das habe ich nicht erwartet, dass so viele Bäume da sind. Tabriz zum Beispiel hat diesen wunderschönen persischen Garten, auf den die Leute stolz sind."

„Welchen Tipp würden Sie Menschen geben, die Geschäfte im Iran machen möchten?" – „Einfach hinfahren, gucken, dass man einen Eindruck bekommt von den Menschen. Ich habe zum Beispiel aus den Medien immer den Eindruck, dass es ein ganz stark religiöses Land ist, und ich empfand es als außerordentlich tolerant und gar nicht so religiös geprägt, also rein oberflächlich. Die Religion selber spürt man auf den Straßen kaum. Auch Moscheen sind rar gesät. Die Geschäfte ziehen sich hin, das ist mir von allen Seiten gesagt worden, man darf da nicht mit Eile drangehen."

Dreimal hat Elke Haase Iran schon besucht. Und immer wieder ist sie begeistert. Wenn sie erzählt, strahlen ihre Augen und sie kommt ins Schwärmen. Auch wenn sie sich bewusst darüber ist, dass die Stimmung jederzeit kippen kann. „Man hofft, dass sich politisch nichts ändert, das ist, glaube ich, die größte Gefahr, die wir haben. Das ist alles noch nicht so gefestigt mit dem Atomabkommen und man weiß auch nicht, wie die Amerikaner Einfluss nehmen. Da ist ja im Moment alles möglich."

Elke Haase hat für ihr Unternehmen und auch für die Firmen, mit denen sie zusammenarbeitet, strikte Regeln. „Ich verbiete mir Kinderarbeit. Natürlich kann man jetzt auch sagen: Länder, in denen es Todesurteile gibt, lässt man weg, aber dann darf ich auch nicht mehr nach Amerika reisen. Das ist eine Politik, die kann ich öffentlich kritisieren, aber es bedeutet für mich nicht, dass ich die Menschen aus den Ländern schneide." Im Gegenteil. Haase will als gutes Beispiel vorangehen und zeigen, dass es auch anders geht. „Wir haben als Mittelständler auch die Verantwortung, mit allen guten Menschen zusammenzuarbeiten, und da bereiten wir aus meiner Sicht ganz, ganz gute Wege, denen die Politiker auch folgen sollten." Elke Haase hat auch schon genaue Vorstellungen, welche Ideen sie am liebsten möglichst bald umsetzen möchte. „Meine Zielsetzung ist, dass wir ein Projekt realisieren. Wasserreinigung zum Beispiel, das sind ja Fragestellungen, die die großen Städte haben. Das Abwasser ist ein großes Problem, die Reinigung des Wassers, der Erosionsschutz, die Wiederbegrünung. Der Flieder ist dann für Herz und Nase. Flieder ist ein Nischenprodukt, weil er natürlich interessant ist für die persischen Gärten als Duftpflanze. Er verträgt die Wärme, die Gärten sind alle bewässert und jede schöne Blüte, die einen Duft mit sich bringt, ist da natürlich willkommen. Das passt hervorragend."

Noch sind viele ihrer Projekte nicht unter Dach und Fach, aber in diesem Jahr wird es zur Unterschrift kommen, ist Elke Haase überzeugt. Denn die Iraner sind schließlich auch an Flieder interessiert. Mit ihren Gewächsen kann sie dem Land helfen, ist sich Haase sicher. Dabei wird sie zum einen ihre Technologie der Pflanzenvermehrung nach Iran importieren, aber auch die Pflanzen selbst. „Ich bin ein Verfechter von solchen Pflanzen, die vor Ort sowieso einheimisch sind. Wenn ich im Iran eine Produktion aufstellen könnte, dass man da vernünftig aufforsten kann, bis hin zu Duftpflanzen für die Ausstattung von diesen berühmten persischen Gärten, wäre das ein Traum."

Elke Haase ist die zweite Frau von links in der ersten Reihe!

Hundert Jahre Frauen- bewegung II (1941–1960)

Beruf oder Kopftuch

Die obligatorische Kopfbedeckung ist zu einem Symbol der Islamischen Republik geworden, die im Jahre 1979 als neue Staatsform des Iran ausgerufen wurde. Tatsächlich steht sie im direkten Zusammenhang mit der Geschichte der Emanzipation im Iran. Nachdem im August 1941 britische und sowjetische Truppen im Iran einmarschiert waren, musste Reza Schah auf Druck der Alliierten abdanken. Er wurde nach Südafrika ausgewiesen, wo er 1944 starb. Mit Billigung der Besatzungsmächte Großbritannien und Sowjetunion folgte ihm sein Sohn Mohammad Reza Pahlavi, der mit den Alliierten kooperierte und als ihr Verbündeter galt. Zum ersten Mal wurden nun unabhängige Frauenorganisationen gegründet. Wobei die Demokratische Frauenorganisation der kommunistischen Tudeh-Partei zu den stärksten und am besten organisiertesten gehörte. Viele Iranerinnen aus der Mittel- und Oberschicht kämpften für eine bessere Bildung und protestierten gegen die Ausbeutung von Arbeiterinnen in den Fabriken. Es kam zu Demonstrationen gegen die vom Schah eingeführte Verwestlichung. Viele Frauen – besonders der Unterschicht – verhüllten ihre Haare wieder demonstrativ. Das Kopftuchverbot von 1936 wurde weniger streng durchgesetzt, aber für die Karriere der Frauen war dieses Gesetz alles andere als hilfreich. So musste sich beispielsweise eine Angestellte im Ministerium oder in der Bank zwischen Beruf und Kopftuch entscheiden, denn Letzteres passte nicht in das Bild vom modernen, an der westlichen Welt orientierten Iran. Denn auch Mohammad Reza war schon immer eher offen gegenüber westlichen Einflüssen und wollte sein Land modernisieren. Von diesem Zeitpunkt an, als das Kopftuchverbot wieder aufgehoben wurde, ging ein Riss durch das Land, der bis heute die kulturellen Seiten des Landes trennt: diejenige, die den Einfluss des Westens in den Vordergrund stellt, und diejenige, die die Tradition hochhält.

Dabei ist alles, wie so häufig im Islam, eine Frage der Interpretation. Der Koran nämlich schreibt den Frauen vor, den Busen und die weiblichen Attribute zu bedecken. Nur eine streng traditionalistische Auslegung betrachtet den ganzen weiblichen Körper mit Ausnahmen von Händen und Gesicht als „sündig". Auch sollte man nicht vergessen, dass praktisch alle Religionen in bestimmten geschichtlichen Epochen von Frauen verlangt haben, sich zu verhüllen. Erst nach dem Ende der Besatzung 1946 wurde die Herrschaft Mohammad Rezas unabhängig. Nach dem Zweiten Weltkrieg spaltet sich das Land zunehmend in eine europäisch orientierte Oberschicht und die breite Masse der armen Leute, die an den traditionellen Werten festhielten. Fünf Jahre später wird Mohammad Mossadegh zum Ministerpräsidenten gewählt. Unter der Führung Mossadeghs wurde die iranische Ölindustrie verstaatlicht. Großbritannien hält an der Ölgesellschaft, der Anglo-Iranian Oil Company, die Mehrheit, es kommt zum Konflikt zwischen beiden Ländern. Innenpolitisch wird Mossadegh zum Widersacher von Mohammad Reza Schah. 1953 wird Mossadegh durch einen vom US-amerikanischen Geheimdienst CIA organisierten Putsch gestürzt und zu drei Jahren Haft verurteilt und im Anschluss unter Hausarrest gestellt.

Dieser Putsch der demokratisch gewählten Regierung Mossadeghs aus ausschließlichem Öl- und Wirtschaftsinteressen markiert auch nach Ansicht vieler Historiker weltpolitisch einen Wendepunkt. Von dem damaligen Premierminister von Großbritannien, Winston Churchill, betrieben, der seinen Geheimdienst MI6 in Stellung brachte und die anfangs zögerliche USA zum Mitmachen bewegte. Diese Operation Ajax, inzwischen von den USA offiziell zugegeben, gilt als „Irans gestohlene Demokratie" und ist für viele Beobachter der Ursprung für die Unruhen in der islamischen Welt und die Terrorauswirkungen bis in die heutige Zeit.

1959 schuf der Staat den Hohen Rat der Frauenorganisationen, in dem 18 Verbände zusammengefasst wurden und unter der Leitung der Zwillingsschwester des Schahs, Prinzessin Ashraf Pahlavi, stand. Mit der Gründung der „Frauenorganisation von Iran" (Sazman-e Zanan-e Iran) in den Sechzigerjahren wurde der staatliche Einfluss noch größer. Ähnlich wie in Ägypten unter Präsident Nasser nahm der Staat die Reformen in die Hand und damit den Frauen die Möglichkeit, eigene Initiativen zu entwickeln. Es kam zur Gegenbewegung, indem bereits 1951 Mehrangiz Dolatshahi – die später in den Siebzigerjahren die erste iranische Botschafterin werden sollte – zusammen mit Safiya Firuz die Organisation „Neuer Weg" (djamʿ iyat-e rah-e now) gründete. Beide trafen sich mit Schah Reza Pahlavi und forderten das Wahlrecht für Frauen, waren aber erst 1963 erfolgreich.

Jung, schön und rebellisch

„Wir nehmen uns die Freiheit"

„Tod und Hass den USA?" Von wegen. Über kaum einen Staat gibt es im Westen so viele Vorurteile und Missverständnisse wie über Iran. Ich kenne meine „zweite Heimat" schon seit den Schah-Zeiten. In den vergangenen Jahren habe ich sie mehr als ein Dutzend Mal besucht, gerade war ich wieder dort. Wohl in keinem anderen Staat des Nahen Ostens, möglicherweise mit Ausnahme von Israel, gibt es eine so ausgeprägte prowestliche Stimmung, sogar den USA gegenüber. Die meisten jungen Menschen besuchen die Universität. Und auch wenn Frauen im Alltag weiterhin diskriminiert werden, leben sie im Iran freier als in vielen Staaten der Region, und so ist ihre Einstellung kein Widerspruch zu den medial immer wieder bevorzugten Bildern von Demonstrationen USA-kritischer Islamisten. Westliche Lebensart ist angesagt.

Im Iran ist die Religion immer weniger spürbar. Doch im Irak und in Syrien – nicht weit entfernt von der Islamischen Republik – haben fanatische Islamisten ein Kalifat errichtet. Die Mullahs werden von der iranischen Bevölkerung gehasst, sie gelten als korrupt. Nach der Niederschlagung der Islamischen Revolution von 2009 glauben nicht mehr viele an die Möglichkeit, die Politik durch Demonstrationen verändern zu können. Sie nutzen ihre kleinen öffentlichen Freiheiten in den Parks und auf den Straßen. Hinter den eigenen Mauern feiern sie ausgelassen.

Immer wenn ich nach Iran fliege, treffe ich mich am liebsten mit meinen Freunden. Wir machen oft Picknick im Grünen, gehen ins Kino oder einfach abends auf die Piste, wie man in Hamburg so schön sagt.

Gleich nach dem Abendessen verschwindet Tina im Badezimmer. Vor dem Spiegel trägt sie üppiges Make-up auf, legt falsche Wimpern an und toupiert sich die Haare, um die sie ihr seidenes Kopftuch legt. Damit es nicht ganz bis zu den Schultern rutscht, steckt sie es mit einer Klammer fest. Schnell schlüpft sie in ihre engen Jeans und ihre Bluse, darüber trägt sie einen langen, farbenfrohen Mantel. Auch ich habe mit meinen Reizen nicht gegeizt, meine langen, dunklen Haare gucken – recht kokett – hinten aus dem Kopftuch, meinen Mantel habe ich eng um die schlanke Taille geschnürt. Da klingelt es auch schon an der Tür. Tinas Freund Bijan ist gekommen, um uns abzuholen.

Die beiden haben sich sozusagen beim „Dor-Dor" kennengelernt. Mit dem Auto auf der Straße zu wenden, heißt auf Farsi „dorbesan". „Dor-Dor" ist ein umgangssprachliches Wort für die Teheraner Flirtstraßen, auf denen sich Jungen und Mädchen gegenseitig in Autos hinterherfahren. Wenn man Single ist, dann ist das an den Wochenenden die Hauptbeschäftigung. Je besser das Auto des Typen, desto mehr Mädchen fahren ihm hinterher. Aber mittlerweile achten die Jungs auch auf die Autos der Mädchen.

„Mein Vater weiß davon natürlich nichts, weder von Dor-Dor noch von meinem Freund", erzählt Tina. „Er ist sehr konservativ."

Sie schnappt sich ihr Handy und ihren Schlüssel, ein letzter Blick in den Spiegel und schon geht's los. Wir wollen uns mit Freunden in einem modernen Café treffen – mitten auf der Vali-Asr-Straße, ein beliebter Treffpunkt für Jugendliche. Wir steigen ins Auto, aus dem Radio dröhnt iranische Popmusik, begleitet von orientalischen Gesängen. Bijan dreht am Lautsprecherknopf – wir schütteln unsere Oberkörper rhythmisch zur Musik und singen mit, die Fenster sind heruntergekurbelt. Iraner lieben die persische Kultur und kennen fast alle Lieder auswendig – moderne wie traditionelle. Plötzlich taucht ein Polizeiwagen auf. Man erkennt die Sittenpolizei gleich an den grünen Streifen an der Seite. Bijan erstarrt, schnell dreht er die Musik leiser, die Fensterscheibe kurbelt er wieder hoch: Tanzen ist im Iran verboten, wie so vieles, was Spaß bringt. Und es ist ratsam, sich daran zu halten. Doch nicht alle tun das. Nach dem Ausbruch der Revolution 1979 hatte der damalige Revolutionsführer Khomeini alle nicht traditionellen Musikinstrumente verboten. Mit dem Flugzeug wurden Schallplatten ins Land geschmuggelt, die man illegal unterm Ladentisch erstehen konnte. Doch seit es das Internet gibt, ist vieles einfacher geworden – über einen Server umgehen Jugendliche staatliche Filter und laden sich die verbotene Musik einfach runter.

„Wenn man die Frauen im Iran mit denen in der arabischen Welt vergleicht, gibt es Unterschiede. Wir legen zum Beispiel größten Wert auf unsere Freiheit. Das liegt an der iranischen Kultur und am schiitischen Glauben", sagt Tina. „Wir nehmen uns die Freiheit", erzählt sie weiter und zündet sich eine Zigarette an.

Nach der Islamischen Revolution 1979 wurden unter anderem alle Bars und Diskotheken geschlossen. „Ich vermisse es nicht, ich habe andere Vorstellungen, als in die Bar oder Disco zu gehen. Ich kann hier aber auch ganz viele Sachen machen, wie ins Kino, ins Theater oder in ein Konzert gehen. Und wenn ich Alkohol trinken möchte, ist das auch kein Problem. Man bekommt hier alles, nur eben nicht auf legalem Wege."

Um aus dem Moloch Teheran mal rauszukommen, fahren die Jugendlichen zum Baden ans Kaspische Meer. Mit dem Auto dauert es, wenn man gut durchkommt, etwa vier Stunden. Steht man aber im Stau, kann die Fahrzeit auch schon mal zehn Stunden betragen. Obwohl die Frauen nur verhüllt baden dürfen, fährt Tina oft für ein paar Tage im Jahr dorthin, um einfach mal zu entspannen.

In den großen Hotels am Kaspischen Meer sind die Swimmingpools leider teilweise verwaist: Seit der Islamischen Revolution 1979 dürfen Männer und Frauen auch nicht mehr gemeinsam in der Öffentlichkeit baden. Geschwommen wird sauber getrennt in Hallen oder an ausgewiesenen, mit Sichtschutz abgetrennten Stränden.

Während ihrer Kindheit hat Tina einige Zeit in Deutschland gelebt, doch nach ein paar Jahren hatte sie Sehnsucht nach ihrer Heimat und kehrte zurück. Ihre Eltern wollten außerdem gerne, dass sie und ihre Geschwister mit der iranischen Kultur aufwachsen. „Die Heimat, die Leute, ich bin hier als Iranerin, aber in Deutschland habe ich mich immer so fremd gefühlt und auch als Kind habe ich das deutlich gespürt, wegen meiner schwarzen Haare. Ich fühlte mich nicht willkommen und habe mir ständig Sprüche anhören müssen. Im Iran fühle ich mich einfach wohl", betont sie.

Es tut sich was im Land der Mullahs: Immer mehr Iranerinnen tragen ihre Kopftücher nur noch als leicht drapiertes Accessoire – ein sichtbarer Ausdruck eines tief greifenden Wandels. Wie in allen großen Städten führen die Jugendlichen in Teheran zwei Leben: das eine in der Öffentlichkeit, das andere hinter den Mauern ihrer Häuser. Trotz der Einschränkungen und trotz der Repressalien lebt Tina gerne im Iran. „Ich meine jetzt nicht, dass Iran perfekt ist, nein, überhaupt nicht. Aber ich fühle mich sehr wohl hier und meine, hier haben viele Probleme, auch ich habe Probleme mit der Freiheit, mit der Kleidung zum Beispiel. Aber ich kann in meinem Privatleben so rumlaufen, wie ich will, so leben, wie ich will, da kommt keiner und sagt: Mach dies nicht, mach das nicht. In der Familie kann ich Miniröcke tragen und T-Shirts mit Spaghettiträgern, nur eben nicht auf der Straße", erzählt die 23-Jährige, während sie ihr runtergerutschtes Kopftuch wieder zurechtrückt.

Ihr Smartphone hat sie immer dabei, um mit ihren Freundinnen über WhatsApp, Telegram oder Viber in Kontakt zu bleiben. Regelmäßig telefoniert sie auch mit ihrer Schwester, die wieder zurück nach Deutschland gegangen ist. Anders als Tina kam ihre Schwester Mona mit den Einschränkungen, welche die Islamische Republik mit sich bringt, nicht klar. Sie ging wieder zurück, heiratete in Deutschland einen Iraner und lebt inzwischen – zusammen mit ihrem Mann und zwei Kindern – in Hamburg. Regelmäßig bekommt sie Besuch von ihrer Familie aus Teheran oder sie fährt selber – mindestens alle zwei Jahre – für ein paar Wochen in ihre Heimat.

Seit der „Grünen Revolution" 2009 denken immer mehr Iraner darüber nach, das Land zu verlassen. Vor allem die Jungen. Und viele Frauen. Sie träumen davon, in die USA auszuwandern oder nach Europa, ein beliebtes Ziel ist Deutschland. Aber es gelingt nur denjenigen mit Geld oder mit guten Beziehungen. Erst kürzlich ist eine Freundin von mir – zusammen mit ihrem Ehemann und ihrer sechsjährigen Tochter – in die USA übersiedelt. Sie haben inzwischen die Green Card bekommen und leben in der Nähe von Atlanta.

Die Mitglieder der Oberschicht können es sich leisten hin- und herzureisen, wie sie Lust und Laune haben. Wer mal in eine andere Welt eintauchen und Teheran entfliehen möchte, der setzt sich ins Flugzeug – wenn er es sich leisten kann – und reist nach New York zum Shoppen, in die Schweiz zum Skifahren oder auf die Malediven zum Tauchen. Der Rest der Bevölkerung kann von solchen Freiheiten nur träumen.

Viele Iraner sind stolz auf ihre Kultur, aber eben nicht auf das System. Aufgrund der wirtschaftlich schlechten Lage finden die meisten jungen Leute keinen Job oder nur Tätigkeiten, die weit unter ihrem Ausbildungsniveau liegen. Obwohl die jungen Menschen gut ausgebildet sind. Jeder Junge, auch jedes Mädchen, kann im Iran zur Schule gehen, eine Ausbildung machen, die Universität besuchen. Aber dann gibt es so gut wie keine Stellen und damit kaum Chancen. Daran hat sich bisher so gut wie nichts geändert. Doch Tina hat Glück gehabt, denn sie hat Arbeit bei Radio IRIB, dem staatlichen Radiosender, gefunden. Dort arbeitet sie als Übersetzerin in der Deutschen Redaktion. „So kann ich wenigstens immer Deutsch sprechen und verlerne die Sprache nicht", erzählt sie. Denn zu Hause werde nur Farsi gesprochen.

Inzwischen sind wir im Café an der Vali-Asr-Straße angekommen. Es liegt gegenüber vom Mellat-Park, einer wunderschönen Anlage. Hier bin ich schon oft mit meiner Tochter Mina spazieren gegangen oder habe Stunden auf einem der Spielplätze mit ihr verbracht.

Normalerweise ist das Café so gut besucht, dass man kaum einen Platz bekommt. Doch wir haben Glück und setzen uns an einen der weißen Tische. Hier treffen sich viele junge Iraner und Iranerinnen und plaudern ganz offen über Politik. Auch wir unterhalten uns über die vergangene Wahl. Die Wahlbeteiligung war überraschend hoch. Etwa 40 Millionen Iraner, das sind ungefähr 70 Prozent der Stimmberechtigten, pilgerten zu den Urnen. Alleine in Teheran waren es mit fünf Millionen doppelt so viele wie 2013. Viele gaben Präsident Rohani erneut ihre Stimme, obwohl er kaum etwas für die Jugend erreicht hat. Dennoch, die Wähler wollten auf keinen Fall, dass sein Kontrahent Raisi die Wahl gewinnt.

„Für die Hardliner ist das Wahlergebnis eine Ohrfeige", meint Bijan. „Sie wollen das Land mit ihrer feindseligen Rhetorik gegenüber der Welt abschotten. Sie haben politische Gegner ins Exil getrieben und der Bevölkerung einen konservativen Lebensstil aufgezwungen."

„Dennoch kann man die negativen Seiten des Landes nicht schönreden", sagt Tina. Denn es gebe natürlich auch einengende Aspekte wie Militärpräsenz oder die Sittenpolizei. Aber sie würde niemanden davon abraten, in den Iran zu reisen.

Ich übrigens auch nicht, denn es ist wirklich ein sehr reizvolles und schönes Land.

Oh wie schön

Birgit hatte starkes Nasenbluten. Als ich im April mit einer Gruppe von 17 Frauen nach Iran gereist bin, musste ich mit einer der Teilnehmerinnen überraschend ins Krankenhaus. Vom Hotel aus riefen wir einen Krankenwagen und ich begleitete sie in die Klinik. Dort angekommen, mussten wir kurz auf der Station vor dem Behandlungszimmer warten. An diesem Tag war ganz schön was los, die Ärzte liefen aufgeregt hin und her und die Patienten warteten geduldig auf den Stühlen im Flur. Die meisten von ihnen waren junge Iranerinnen mit riesigen Pflastern auf der Nase – im Gesicht blaue Flecken, die Augen blutunterlaufen und geschwollen. Als die Tür zu einem Behandlungszimmer aufging, konnte ich schnell einen Blick reinwerfen. Auf dem Operationstisch lagen die notwendigen Werkzeuge. Sie erinnerten mich ein wenig an die Arbeitsgeräte eines Automechanikers: ein Hammer aus Stahl, Zangen und Eisen, mit denen die Nasen zertrümmert, geschnitten und gesägt werden. Etwa drei Stunden dauert solch eine Operation, habe ich mir erzählen lassen.

Immer noch müssen wir warten, ich komme mit einer der Patientinnen ins Gespräch. „Seit meiner Kindheit habe ich von einer modernen Nase geträumt", sagt Nesrin und errötet leicht. „Jetzt habe ich endlich eine kleine, europäische Nase", erzählt sie sichtlich erfreut. „Ist das denn nicht sehr schmerzhaft, sich die Nase operieren zu lassen?", frage ich. „Nein", antwortet sie, „vielleicht finde ich jetzt auch leichter einen Mann." Im Iran ist es unter jungen Erwachsenen en vogue, sich die Nase richten zu lassen. Manche Iranerinnen meinen sogar, dadurch eine bessere Partie auf dem Heiratsmarkt zu machen. „Es geht den Frauen aber nicht nur um Verschönerung, sondern auch um Selbstbestimmung", meint Nesrin. Ihre Freundin sitzt neben ihr. Sie hat schon einige Operationen hinter sich gebracht. Ihr Mund sieht aus wie ein Schlauchboot, die Haut über den Wangenknochen knistert wie Pergamentpapier und sie hat eine Nase, die an eine Spitzmaus erinnert.

Während sich in Deutschland wohl so ziemlich jeder, der sich einer Schönheitsoperation unterzieht, danach für mindestens zwei Wochen in seinen vier Wänden verschanzen würde, damit auch niemand dieses peinliche kleine Geheimnis erfährt, ist das im Iran etwas anders. Sogar ganz anders, denn Frauen und tatsächlich auch Männer tragen ihre Nasenpflaster mit mehr Stolz als ein Kind, das einen Arm eingegipst bekommt und seine Freunde auf dem Gips unterschreiben lässt. Die strahlend weißen Pflaster sind im Iran ein stylisches Modeaccessoire und ein regelrechtes Statussymbol. Nasenoperationen sind im heutigen Iran so normal wie der Gang zum Zahnarzt. Das Geschäft der Schönheitschirurgie floriert – die kräftig geschwungene iranische Nase ist out, verkleinerte Nasenbeine gelten als chic. Nach Angaben der Vereinigung für plastische Chirurgie gibt es jährlich landesweit bis zu 200.000 registrierte Schönheitsoperationen. Bei einer Bevölkerung von fast 80 Millionen sind das im Verhältnis viermal so viele wie in den USA. Allein in der Hauptstadt Tehcran arbeiten 3600 Chirurgen auf diesem Gebiet. Auch einige Kieferchirurgen haben sich darauf spezialisiert. Eine deutsche Freundin, die zusammen mit ihrem iranischen Ehemann in Teheran lebt, erzählte mir einmal, dass ihre Tochter ihre Nase operieren lassen musste, weil sie Polypen und Schwierigkeiten beim Atmen hatte. Sie klapperten verschiedene Ärzte ab und alle, aber auch wirklich alle, sahen in ihrer Tochter eine potenzielle Kundin für kosmetische Operationen. Mit ihrer anderen Tochter musste sie auch einmal zum Hals-Nasen-Ohren-Arzt, weil sie Probleme beim Hören hatte. Auch ihr wollte der Arzt sofort eine

Nasenkorrektur verpassen. „Du hast so schöne hohe Wangenknochen, aber deine Nase ist im Verhältnis zu groß. Wenn du sie richten lässt, wärst du ein sehr hübsches Mädchen", erdreistete sich der Arzt zu sagen. „Das bin ich auch so", gab ihre Tochter barsch zurück, „und ich möchte keine iranische Einheitsnase."

Trotzdem gibt es genug Kunden. Jährlich werden im Iran 60.000 bis 70.000 Nasen operiert – so viele wie in keinem anderen Land der Welt. Viele Iranerinnen haben große, markante Nasen. In Europa werden diese wohl despektierlich als „Hakennase" bezeichnet. Anders als in Europa scheint im Iran niemand ein Problem damit zu haben, wenn alle mitbekommen, dass eine Nase verkleinert, gerichtet oder verschmälert wurde. Schon zu Schah-Zeiten wurde an den Nasen rumgemeißelt. Auch nach der Islamischen Revolution von 1979 wurden große Nasen in Stupsnasen umgewandelt. Und der Boom reißt nicht ab. Wer mit seiner Nase nicht zufrieden ist und es sich leisten kann, lässt sich operieren. Alles fing damit an, dass junge Leute nackte Haut zeigten, indem sie ihre Schuhe ohne Socken trugen. Frauen schlugen ihre unter dem schwarzen Umhang hervorschauenden Hosenbeine über den Fußknöchel. Als Nächstes ging es ans Gesicht. Mittlerweile tragen die Iranerinnen so dick Schminke auf, dass es scheint, sie wollten die verlorenen Jahre ohne Make-up wettmachen. Ihre modischen Kopftücher rutschen so weit nach unten, dass sie quasi gar nicht vorhanden sind. Im Westen mag man über Magermodels und Essstörungen diskutieren, im Iran gelten Diäten und Schönheitsoperationen als schick und vorbildlich. Wenn iranische Frauen sich nachmittags zum Tee treffen, dann werden die neuesten Diätrezepte und Modetrends ausgetauscht und über Nasen-OPs diskutiert. Schön sein ist eine der Hauptaufgaben der Frau.

Und die Männer? Machen gleich mit. Laut einigen Statistiken sind etwa 30 Prozent der Patienten männlich. Das Schönheitsideal im Iran ist ein Spagat zwischen Tradition und Moderne. Viele Iranerinnen haben Hollywood-Schauspielerinnen als Vorbild, die sie über das Internet oder Satellitenfernsehen zu sehen bekommen. Sie lassen sich durch die Bilder inspirieren und wünschen sich ein Gesicht wie

Angelina Jolie, Demi Moore oder Michelle Pfeiffer. Manche lassen sich sogar ihre Haare honigblond färben. Gleichzeitig müssen die Iranerinnen die islamische Kleiderordnung einhalten, auch wenn Präsident Rohani die Regeln gelockert hat. Manche Frauen tragen ihre Bandagen auf den Nasen auch noch länger als eigentlich notwendig. Es soll Wohlstand und Fortschrittlichkeit demonstrieren. Wenn die Iranerinnen im Gottesstaat ihren Körper verhüllen müssen, dann bleibt eben nur ein kleines Schaufenster: das Gesicht. Was die Physiognomie eben nicht hergibt, muss zurechtgestutzt werden. Und weil die iranischen Frauen viel Wert auf ihr Äußeres legen, wird meist auf dem kleinen Platz, den ihnen die Verschleierung lässt, operiert.

Mona, eine andere Patientin, möchte ebenfalls eine kleinere, feiner geschwungene Nase haben. Wenn sie spricht, kann man den Blick nur schwer von ihren vollen, sinnlichen Lippen abwenden. Der perfekt gezogene Lidstrich betont ihre mandelförmigen, fast schwarzen Augen. Ihre Brauen haben einen perfekten, langgezogenen Bogen.

Nesrin ist eine betörende iranische Schönheit wie aus dem Bilderbuch, doch ihre natürliche Attraktivität reicht ihr nicht. Auch ihre Schwester Samira hat sich bereits die Nase operieren lassen. In ihrem Bekanntenkreis gibt es kaum eine Frau, die sich nicht schon die Nase hat richten lassen. „Ich fühle mich jetzt viel selbstbewusster und habe es noch keinen Tag bereut, auch wenn es sehr teuer war."

Iranische Frauen greifen für Schönheitsoperationen tief in die Tasche. Manch ein Vater hat sogar schon sein Auto verkauft, um seiner Tochter eine Nasenoperation zu ermöglichen. Mindestens zwischen 1000 bis 2500 Euro kostet solch eine Operation. Das ist mehr als ein Jahresgehalt eines normalen Arbeiters. In Isfahan ist es etwas günstiger. In der Stadt etwa 400 Kilometer südlich der iranischen Hauptstadt ist eine neue Nase schon für 500 bis 1200 Euro zu haben. Für iranische Verhältnisse dennoch eine sehr teure Entscheidung. „Aber durchaus eine gute Investition", meint Samira. Das Klischee der inneren Werte habe sie längst aufgegeben. „Manche Frauen lassen sich sogar die Brüste verkleinern", sagt sie. Diese Schönheitsoperationen beschränken sich nicht nur auf die Reichen, denn auch

Verkäuferinnen, Büroangestellte, Studentinnen oder Teenager geben ihr Gespartes dafür aus und verschulden sich teilweise sehr hoch. Der Hype ist so stark, dass einige, die das Geld für das Nasenoperieren nicht haben, sich die Nasen verbinden und so tun als ob. Noch schlimmer ist, dass sogar die Puppen in den Schaufenstern Nasenpflaster tragen – unglaublich, aber wahr. Wenn man durch die Einkaufsstraßen von Teheran läuft, sieht man sie in fast jedem Geschäft.

Obwohl Schönheitsoperationen innerhalb der iranischen Kultur mittlerweile absolut gängig sind, hat die Islamische Republik bislang kaum Abneigung diesbezüglich geäußert. In den 1980er-Jahren billigte Ayatollah Khomeini die Nasenkorrektur unter Verweis auf den Koran, in dem geschrieben steht: „Gott ist schön und liebt die Schönheit." Inzwischen gilt Teheran als die Nasenkorrektur-Hauptstadt der Welt. Weder platt noch zu groß und schon gar nicht hakenförmig hat eine anständige Nase zu sein. Schönheitsoperationen sind im Iran alltäglich geworden. Egal ob auf einer Party, im Restaurant oder Café – überall wird davon gesprochen.

Im Iran wird zu fast jedem Essen Reis gereicht, dadurch leiden viele Iranerinnen an Übergewicht und haben einen dicken Bauch. Daher boome auch das Geschäft mit dem Fettabsaugen. „Für uns ist es zwar eine gute Einnahmequelle", sagt mir der Arzt im Krankenhaus, der seinen Namen nicht nennen möchte. „Aber dieser Schönheitswahn in unserem Land wird langsam zu einer mentalen Volkskrankheit bei Jung und Alt. Auch Männer lassen inzwischen ihre Problemzonen durch Fettabsaugen behandeln", ergänzt der Arzt. In den vergangenen acht Jahren hat er etwa 2500 Nasen aufgeschnitten, verkleinert und gerichtet, Brüste vergrößert oder verkleinert, Wangenknochen hochgezogen und Falten verschwinden lassen. Die Kunden kommen auch aus Europa und Amerika, überwiegend sind es dort lebende Iranerinnen.

Für die jungen Mädchen sind die Schönheitsoperationen Ausdruck persönlicher Freiheit und Protest gegen die vielen Vorschriften und Zwänge im Alltag. „In der Schule müssen wir Uniform tragen, deshalb bin ich froh, wenn mir niemand reinredet und ich mich stylen kann, wie ich will", sagt Samira. Die Islamische Republik ist längst ein Land mit zwei Gesichtern. Da gibt es auf der einen Seite den Mullah-Staat mit seinen strengen islamischen Gesetzen, die schon für sittenwidriges Verhalten drakonische Strafen vorsehen. Auf der anderen Seite gibt es eine Bevölkerung, die sich längst ihre Nischen gesucht und ihre ganz eigene Art des passiven Widerstands gefunden hat. Die neuesten Modegags sind Veränderungen der Augenfarbe und das Einsetzen von Schmucksteinen in das Auge.

Nach drei Stunden war meine Bekannte Birgit schließlich fertig und wir konnten die Klinik wieder verlassen. Die Bilder von den operierten Nasen, geschwollenen Gesichtern und blutunterlaufenen Nasen schwirrten noch lange in meinem Kopf herum.

Übrigens hat die ganze Behandlung umgerechnet gerade einmal 15 Euro gekostet, der Transport mit dem Krankenwagen war umsonst.

Facebook + Perserteppichsurfen

Marzieh sitzt auf ihrem schwarzen Ledersofa. Sie hat üppiges Make-up aufgelegt, ihre blonden Strähnen im schwarzen Haar leuchten. Die 35-Jährige lebt alleine in ihrer Wohnung im Teheraner Stadtteil Vanak. Aus der modernen, großen Stereoanlage ertönt westliche Popmusik. An den Wänden hängen Bilder, die der Sittenpolizei ganz sicher nicht genehm wären. Ich bin zu Besuch bei ihr. Wir plaudern ein wenig und trinken Tee. Auf dem Tisch stehen Obst, Süßigkeiten und Gebäck. Meine Freundin zeigt mir auf ihrem Handy die Couchsurfing-Website. Einheimische aus der ganzen Welt bieten dort Reisenden einen kostenlosen Schlafplatz und Gesellschaft an, organisieren Kulturevents und geben Tipps und Ratschläge. Eine gute Möglichkeit, um den Alltag der Iraner kennenzulernen. Manchmal gelangt man so auch beispielsweise auf eine illegale Geburtstagsparty oder auf eine Hochzeitsfeier. Denn die Iraner sind sehr gastfreundlich und jeder ist willkommen. Außerdem spart Couchsurfing Geld, weil keine teuren Hotels gebucht werden müssen.

Auch meine Freundin bietet einen Schlafplatz für Touristen an. So kann sie sich ein wenig Geld zu ihrem geringen Gehalt als Friseurin dazuverdienen. „Couchsurfing" ist eigentlich das falsche Wort. „Perserteppichsurfen" wäre angebrachter, denn traditionell schläft man im Iran auf dem Boden, auf einer dünnen Matratze.

Über Facebook nimmt meine Freundin Kontakt mit den Reisenden auf. „Für uns Iraner ist es schwierig zu reisen", sagt Marzieh. „Männer müssen Armeedienst geleistet haben, bevor sie einen Reisepass bekommen. Frauen müssen ihren Vater oder Ehemann um Erlaubnis fragen. Außerdem fehlt oft das Geld oder wir bekommen kein Visum. Lediglich für die Türkei, Dubai oder Oman brauchen wir keine Genehmigung. Deshalb biete ich Couchsurfing an. Es ist eine gute Sache, um mit Menschen aus den verschiedensten Kulturen zusammenzukommen."

Marzieh schaut auf ihrem Handy nach, ob jemand auf ihrer Plattform bei Facebook nach einem Schlafplatz sucht. Doch es gibt Probleme. „So ein Mist, schon wieder funktioniert es nicht. Die Regierung hat es mal wieder gesperrt. Die machen das einfach so für ein, zwei Stunden, manchmal für einen ganzen Tag", erzählt sie mit ärgerlicher Stimme.

Im Iran werden immer wieder Tausende Internetseiten blockiert – darunter auch die beliebten sozialen Netzwerke Twitter und Facebook. Marzieh möchte gerne das Gästezimmer beim Couchsurfing-Portal anbieten. Auch in der Islamischen Republik ist das möglich, obwohl die Regierung darüber nicht gerade begeistert ist. Die Iraner werden nicht daran gehindert, Menschen aus anderen Ländern bei sich zu Hause aufzunehmen. Deshalb kann die Internetseite für das Couchsurfing im Iran ohne Filter genutzt werden. Aber eben nur, wenn Facebook nicht gerade mal wieder gesperrt ist.

Wie viele Couchsurfing im Iran nutzen, lässt sich nicht sagen. Über Facebook nehmen die Leute Kontakt auf. Offiziell ist es zwar verboten, aber es sind genügend Apps im Umlauf, mit denen die Sperre ausgehebelt wird.

Marzieh ist sehr westlich eingestellt. Sie hört gerne europäische Musik, die eigentlich verboten ist, aber in den Geschäften unterm Ladentisch verkauft wird, liest gerne verbotene Literatur, die es auf dem Schwarzmarkt gibt, und zieht sich gern mal etwas freizügiger und moderner an. Obwohl Marzieh nicht alle Regeln befolgt, sind männliche Couchsurfer trotzdem tabu für sie. Nur weibliche Reisende sind bei ihr willkommen. Ihr Wunsch ist es, einmal nach Europa fahren zu können und vielleicht auch bei jemandem auf der Couch zu schlafen. Und sie schmiedet schon Reisepläne: Sie hat sich einen Reisepass besorgt, legt regelmäßig etwas Geld zurück und träumt von einer Fahrt durch den Westen.

Liebe und Trennung

Jasmin und Ali

Es war Mitte April letzten Jahres, als mein Handy klingelte. Mein Freund Ali aus Teheran war am Telefon: „Hallo, Bita, kommst du zu meiner Hochzeit im August?" Ich war überrascht, denn ich konnte es kaum glauben, dass der ewige Junggeselle den Bund der Ehe eingehen wollte. Ich habe mich natürlich sehr gefreut und nach Absprache mit meiner Familie habe ich schließlich zugesagt. Im August flog ich nach Iran zur Hochzeit von Ali und Jasmin. Ali war schon Anfang dreißig und sein Vater Mohammed wurde langsam unruhig, weil sein Sohn noch nicht verheiratet war. So suchte Mohammed eine Frau im entfernten Verwandtenkreis. Wenige Monate später wurde Ali seiner zukünftigen Gattin vorgestellt: Jasmin, eine wunderschöne Germanistikstudentin mit langen schwarzen Haaren, schlanker Figur und braunen Mandelaugen. Ali war begeistert, obwohl er immer von einer blonden Frau aus Deutschland geträumt hatte. „Viele Frauen heiraten meist erst mit Ende zwanzig oder Anfang dreißig, weil sie zunächst einmal eine Ausbildung machen wollen. Deshalb suchen sie heutzutage erst viel später einen Mann als noch vor zehn Jahren. Sie sind integriert in die Gesellschaft, wollen arbeiten, haben eine eigene Meinung. Da fällt es den Frauen schwer, die unabdingbaren Zugeständnisse für eine Hochzeit zu akzeptieren. Sie sind finanziell unabhängig und haben ihre eigene Persönlichkeit", erzählt Jasmin.

Die Vermählung fängt an mit Hosstegori, einem kleinen Fest für den engsten Kreis der Familie. Der Bräutigam in spe kommt – zusammen mit seinen Eltern – ins Haus seiner Auserwählten. Die nahen Verwandten und die besten Freunde sitzen zusammen und feiern die bevorstehende Hochzeit. Früher hat das Mädchen ihren Zukünftigen bei dieser Gelegenheit nur ganz flüchtig gesehen. Traditionellerweise servierte sie ihm Tee, dabei durfte er für ein paar Sekunden einen Blick auf sie werfen. Doch heutzutage kennt sich das Paar schon vorher, meistens zumindest. Nach dem Hosstegori-Fest kommt Ard, die amtliche Registrierung der Ehe – ähnlich wie in Deutschland beim Standesamt. Drei bis vier Monate später beginnt die eigentliche Hochzeitsfeier, zu der auch ich eingeladen bin.

Für die Braut beginnen die Vorbereitungen schon einige Tage vorher im Schönheitssalon. Diese Salons liegen übrigens ganz versteckt in den oberen Etagen ganz normaler Mehrfamilienhäuser, denn die Frauen sollen vor Männerblicken geschützt sein. Am ersten Tag lässt sich Jasmin mit der im Iran weitverbreiteten Fadentechnik ihre dunklen Härchen aus dem Gesicht entfernen. Es ziept zwar ganz schön, doch mit dieser Bindfadentechnik werden sogar kleinste Härchen mitsamt der Wurzel ausgerissen. Danach sind die Augenbrauen dran, sie werden zurechtgezupft und gefärbt. Zuletzt legt die Kosmetikerin Susan ihr zur Beruhigung der Haut eine Gesichtsmaske auf. Am zweiten Tag geht's zur Maniküre. Susan verpasst der zukünftigen Braut rote, mit orientalischem Muster verzierte künstliche Fingernägel. Am dritten Tag – dem Hochzeitstag – werden die Haare frisiert und ein üppiges Make-up aufgelegt. Es ist sieben Uhr morgens, als Jasmin auf einem Drehstuhl aus schwarzem Leder sitzt. Die Kosmetikerin Susan klebt gerade künstliche Wimpern auf Jasmins Augen, die für ihren großen Tag schließlich perfekt aussehen möchte. Immerhin muss das Make-up eine ganze Nacht halten. Vorbild sind Models aus dem Westen. An den Wänden hängen riesige Plakate mit den schönsten Gesichtern, denn das Gesicht spielt die wichtigste Rolle, weil die Haare und der Körper ja nach islamischem Gesetz verdeckt sein müssen. Zum Schluss sind die Haare dran. Die Friseurin

Banafsheh wäscht die langen, lockigen Haare von Jasmin, wickelt sie nach und nach auf und lässt sie unter einer großen Föhnhaube trocknen. In einer Glasvitrine sind Diademe ausgestellt, mit glitzernden Steinen. Jasmins Augen fangen an zu glänzen, sie entscheidet sich für ein Haarteil mit einem runden Bogen und rosafarbenen Applikationen – es passt perfekt zu ihren schwarzen Haaren. Da diese Accessoires sehr teuer sind, können sie auch – gegen eine entsprechende Gebühr – geliehen werden. Nach ein paar Stunden ist alles fertig und vor uns steht eine perfekt geschminkte, frisierte Braut. Ali holt sie vom Schönheitssalon ab. Er wartet unten im Parkhaus, weil Männern ja der Zutritt verboten ist. Das Auto – eine schwarze Limousine – ist mit weißen Rosen in Herzform, die auf der Motorhaube platziert wurden, geschmückt. Weiter geht es ins Fotoatelier. Hier dürfen wieder nur Frauen arbeiten. Viel Aufwand, wenn man bedenkt, dass jede fünfte Ehe im Iran wieder geschieden wird. Viele der jungen Pärchen lehnen eine Heirat inzwischen ab, vor allem in der Hauptstadt Teheran, obwohl es nicht erlaubt ist, ohne Trauschein zusammenzuwohnen.

Inzwischen ist es fünf Uhr nachmittags. Nach zehn Stunden Vorbereitung und Inszenierung fahren sie gemeinsam zum Haus von Jasmins Eltern, wo auch schon die ganze Familie wartet. Eine sogenannte Hochzeitsdecke – der Sofreh-Aghd, der heutzutage oft weiß, aus Seide und mit Spitze verziert ist – wird auf dem Boden ausgebreitet, darauf liegen iranische Süßigkeiten und Gebäck, der Koran – er bringt Gottes Segen über die Ehe –, Kerzen und ein großer Spiegel, der für Reinheit und Ehrlichkeit steht. Außerdem können sich die beiden Ehepartner darin gegenseitig beobachten. Links und rechts des Spiegels stehen zwei Tafelleuchter, die Licht und Feuer symbolisieren und sich bereits aus der uralten Feuerreligion Zarathustras herleiten. Eine große Schüssel mit Münzen für Wohlstand, heilige Kräuter, Früchte und Rosenwasser. Brot und Käse stehen als Zeichen für kommenden Wohlstand, bunt bemalte Eier für viele Nachkommen sowie Mandeln und Hasel- und Walnüsse für gesunde Kinder. Und ein Glas Honig.

Ali und Jasmin setzen sich vor der Decke auf Stühle und der Aged, der Standesbeamte beziehungsweise „Pastor", hält seine Rede. Dabei wird die ganze Zeit im Koran gelesen. Währenddessen wird eine Decke über das Paar gehalten, über der Zucker so lange gerieben wird, bis die Braut ihr „Ja"-Wort gibt, wenn sie zum dritten Mal gefragt wird. Manchmal nähen die beiden Mütter auch noch einige Stiche in dieses Tuch – damit wird den Schwiegermüttern symbolisch „der Mund zugenäht", damit sie sich nicht in die Ehe einmischen. Keine Braut wird bei einer iranischen Hochzeit einer Heirat sofort zustimmen. Sie muss mindestens dreimal gefragt werden und schweigt die ersten beiden Male, während die Hochzeitsgäste diverse fadenscheinige Ausreden für das Schweigen in den Raum rufen: „Die Braut muss wohl erst mal nachdenken." Frühestens bei der dritten Wiederholung willigt sie ein und gilt ab diesem Zeitpunkt als verheiratet. Das soll Glück bringen. Anschließend tauchen Braut und Bräutigam ihren kleinen Finger in den Honig und stecken ihn sich gegenseitig in den Mund, damit die Ehe auch im wahrsten Sinne des Wortes „süß" beginnt. Dann werden die Ringe getauscht und das Ehepaar darf sich küssen. Anschließend werden die ersten Geschenke übergeben. Auch die Goldmünzen für die Braut gibt es noch immer – vor allem bei den Hochzeiten der Teheraner Oberschicht. Die Summe der Goldmünzen kann die Verlobte vor der Heirat festlegen beziehungsweise aushandeln, denn diese sogenannte Morgengabe gilt als Absicherung. Ursprünglich war sie nur für Witwen gedacht, um diese abzusichern, weil sie nach islamischem Recht nur einen geringen Anspruch auf das Erbe ihres verstorbenen Ehemannes haben. In den wohlhabenderen Kreisen geht man inzwischen jedoch ganz pragmatisch vor: Die Morgengabe ist teilweise so hoch, dass der Bräutigam es sich nicht leisten kann, sie zu verlieren. Das schützt die Braut, falls der Mann seiner Frau verbieten sollte zu studieren, zu arbeiten oder zu reisen. Danach werden noch weitere Hochzeitsgeschenke überreicht.

Auf der Einladungskarte steht, dass die Feier um acht Uhr beginnt. Ich mache mich bei meiner Freundin, bei der ich wohne, zurecht und ziehe mein kurzes orangefarbenes Kleid und hochhackige

Schuhe an. Meine Haare stecke ich hoch und lasse sie unterm Kopftuch verschwinden. Dann ziehe ich meinen langen Mantel an und
stehe pünktlich um halb acht zur Abfahrt bereit. Meine Freundin
fragt erstaunt: „Wie, du willst schon los?" – „Na klar", erwidere ich,
„schließlich beginnt die Hochzeitsfeier in einer halben Stunde." Ohne
daran zu denken, dass im Iran die Uhren ja anders ticken und die
meisten Gäste immer erst ein, zwei Stunden später kommen. Aber da
kam mal wieder meine deutsche Pünktlichkeit bei mir durch und ich
bestellte ein Taxi. Um kurz nach acht betrat ich schließlich das Hotel,
vorher ließ ich mich aber noch schnell fotografieren, denn vom Ho-
teleingang hat man einen wundervollen Blick auf die Skyline von Teheran. Es liegt auf einem kleinen Hügel im Norden von Teheran und
wurde erst kürzlich eröffnet. Kurz zuvor war der russische Präsident
Putin zu Gast, erzählte mir Ali. Er landete mit einem Hubschrauber
auf dem hoteleigenen Flugplatz oben auf dem Dach. Ich schreite über
den weißen Marmorfußboden der Lobby und frage einen Hotelpa-
gen nach dem Saal, wo die Hochzeit stattfinden soll. Insgesamt gibt
es an diesem Abend drei verschiedene Feiern, weil dieses Hotel sehr
beliebt ist. Der Page begleitet mich mit dem Fahrstuhl in den dritten
Stock. Es ist noch recht früh – ein paar wenige Frauen stehen vor einer weißen, mit Schnörkeln verzierten Flügeltür. Insgesamt sind 800
Gäste geladen – unglaublich, aber wahr. Nicht jeder kann sich solch
eine Hochzeit leisten. Die Feier von Jasmin und Ali kostet etwa 6000
Euro, so viel wie ein durchschnittliches Jahreseinkommen.

Natürlich müssen Frauen und Männer getrennt feiern. Wer ge-
mischt feiern möchte, muss einen Hochzeitssalon in einem Garten
weit außerhalb der Stadt mieten. Dort, wo die Sittenpolizei nicht
hinkommt und Frauen tief dekolletiert im Minikleid und ohne
Kopftuch eng umschlungen mit Männern tanzen. Allerdings hat
das auch seinen Preis, denn die Mieten für solch einen Saal sind
hoch. Aber damit nicht genug, denn hinzu kommt noch häufig
Bestechungsgeld für die Polizei und meist ein Abendessen für die
Diensthabenden der nächstgelegenen Wache. Im Gegenzug bieten die Beamten, die fürs Essen sogar teilwiese ihre eigenen Töpfe

Vor dem Hotel mit Blick auf Teheran

mitbringen, Schutz vor Raubüberfällen auf die mit reichlich Gold-
schmuck behängten Gäste.

Ich begebe mich schließlich in den Saal für die weiblichen Gäste.
Ein großer Raum mit etwa 40 großen Tischen, an denen jeweils
zehn Personen sitzen können. Die Tische sind wunderschön gedeckt
mit frischen Blumen – Obst, Kuchen und alkoholfreien Getränken.
Ein paar wenige Gäste sind schon da. Ich setze mich und trinke erst
einmal einen Tee. Plötzlich kommt ein junges Mädchen – vielleicht
sechs Jahre alt – zu mir und fragt mich, ob ich mich nicht zu ihnen an den Tisch setzen möchte, damit ich nicht so alleine bin. Erfreut nicke ich mit dem Kopf und schon nimmt die Kleine mich an
die Hand. Sie sieht bezaubernd aus in ihrem weißen Kleidchen, ihre
schwarzen, lockigen Haare sind zusammengesteckt mit glitzernden
Spangen. Die iranischen Mädchen achten schon sehr früh auf ihr
Äußeres und besuchen bereits im zarten Alter von sechs oder sieben
Jahren die Schönheitssalons von Teheran. Schon kurze Zeit später
unterhalte ich mich mit der Mutter des kleinen Mädchens und ihren
Freundinnen. Im Iran kommt man übrigens sofort in Kontakt mit
anderen Menschen, denn die Iraner sind sehr offen und aufgeschlossen. Inzwischen wird auch Musik gespielt. Eine DJane legt CDs auf,
denn Männer sind hier ja nicht zugelassen. Aus den Lautsprechern

ertönt iranische Popmusik. Inzwischen trudeln auch die anderen weiblichen Gäste ein. Bald ist der Saal gefüllt und alle warten gespannt auf das Brautpaar. Plötzlich geht die Tür auf und Ali und Jasmin treten ein. Sie strahlen übers ganze Gesicht und fangen gleich an zu tanzen. Braut und Bräutigam eröffnen den Tanz mit dem Lied: „Braut küsst Bräutigam und umgekehrt." Erst dann dürfen die anderen tanzen. Danach gehen sie von Tisch zu Tisch und begrüßen ihre Gäste – jeden einzeln. Nach der Begrüßungsrunde geht es wieder auf die Tanzfläche. Die meisten Gäste erheben sich von ihren Stühlen und bilden einen Kreis um das tanzende Brautpaar herum. Alle haben Geldscheine in der Hand und werfen sie hoch. Ali und Jasmin sammeln die vielen Tuman (iranische Währung) auf und freuen sich, denn schließlich können sie das Geld gut gebrauchen. Am Ende des Tanzes gehen Braut und Bräutigam auf ein erhöhtes Podest – plötzlich werde ich aufgerufen und nach vorne gebeten. Ali und Jasmin stellen mich den anderen Besuchern vor und bedanken sich bei mir, dass ich extra aus Deutschland angereist bin. Inzwischen hat das Personal das Buffet aufgebaut – unglaublich, was es alles zu essen gibt – mindestens 30 verschiedene iranische Gerichte: Kräutereintopf, Granatapfelsoße, Quitteneintopf, Bohneneintopf, verschiedene Fleischspieße, Salate … und dazu natürlich den typisch duftenden Safranreis und reichlich Nachtisch. Bevor das Buffet jedoch eröffnet wird, begutachtet das Brautpaar erst noch die Speisen. Dabei wird die Braut von ihrem Ehemann mit einem Löffel gefüttert. Beurteilt sie das Essen als gut, dürfen die Gäste zugreifen. Und das lassen sie sich nicht zweimal sagen, kaum gibt Jasmin ihr O. K., stürmen alle zum Essen. Das ist auch kein Wunder, denn inzwischen ist es schon spät geworden und allen knurrt der Magen. In Nullkommanichts ist das Buffet abgegrast und die Gäste sind zufrieden. Danach trinken manche noch Kaffee oder Tee.

Um 23 Uhr wird die Hochzeitsfeier mit einem Tango beendet, getanzt vom Brautpaar. Danach geht die Musik aus und alle ziehen ihre Mäntel wieder über, legen das Kopftuch um die Haare und verlassen langsam den Saal. Die engsten Familienmitglieder und Freunde gehen noch zu Alis Bruder nach Hause und feiern dort weiter – bis um sechs Uhr morgens, wie Ali mir später erzählte. Ich bin jedoch müde und verabschiede mich. An der Hotellobby bestelle ich mir ein Taxi und fahre zum Haus meiner Freundin.

Am nächsten Tag bin ich bei Jasmin und Ali zum Essen in ihrer neuen Wohnung eingeladen. Alles riecht ganz neu und frisch. Die Möbel sind teilweise noch mit Plastikfolie überzogen. Erst wenn die Hochzeit vollzogen wurde, darf das Brautpaar das gemeinsame Appartement beziehen. Finanziert wird das Fest traditionell vom Ehemann oder dessen Eltern. Die Familie der Braut schenkt den Frischvermählten Möbel und Haushaltsgeräte.

Wir wollen gemeinsam kochen. Jasmin holt ein paar Gurken, Tomaten und Zwiebeln aus dem Kühlschrank. Es gibt Salat-e Shirazi, ein typisch iranischer Salat, der fast zu jedem Essen gereicht wird. Ali holt eine Flasche Wein aus einem der hinteren Schränke. Verwundert gucke ich ihn an: „Ich denke, Alkohol ist verboten." – „Ja", antwortet er. „Aber im Iran ist alles möglich. Man bekommt amerikanischen Whiskey, deutschen Rot- oder Weißwein. Die Flaschen werden auf Eselsrücken über die Türkei geschmuggelt und auf dem Schwarzmarkt verkauft." Sehr zum Leidwesen der iranischen Regierung, denn ein iranisches Sprichwort besagt: Wer Alkohol trinkt, fängt an, über Politik nachzudenken. Und nichts will die Staatsmacht dringender verhindern als das. Das Paradoxe daran: Die meisten Häuser haben Satellitenschüsseln auf ihren Dächern und empfangen dadurch ausländische Sender. Ali schaltet den Fernseher ein. CNN, BBC, ZDF, ARD – es gibt nichts, was es nicht gibt. Gerade läuft der iranische Auslandssender „Man-o-To" – auf Deutsch: „Ich und Du." Zu sehen sind leicht bekleidete Damen in Dessous, die zu persischer Popmusik tanzen. Dank des Satellitenfernsehens haben Ali und seine Freunde ein differenziertes Bild davon, wie sein Land in der Welt wahrgenommen wird. Doch die ausländischen Sender sind natürlich verboten. Kontrolleure klingeln deshalb an der Tür, laufen auf den Dächern rum und konfiszieren die Schüsseln. Für die Leute kein Problem, denn schon am nächsten Tag kaufen sie sich eine neue.

Nach dem Essen trinken wir Tee, dazu gibt es Gebäck. Wir plaudern noch ein wenig über die Hochzeitsfeier – dann muss ich mich wieder verabschieden. Ich wünsche Ali und Jasmin noch alles Gute. Zum Glück sehen wir uns bald wieder, denn im November steht bereits meine nächste Reise an – mit dem niedersächsischen Wirtschaftsminister Lies und einer 80-köpfigen Delegation von Unternehmern.

Die Bühne im Hochzeitssaal

Scheidung auf Persisch

Soraya auf Skiern – ein Foto, welches ihr Leben veränderte. Als Schah Mohammad Reza Pahlavi es in die Hände bekam, verliebte er sich sofort in ihre smaragdgrünen Augen. Die damals erst 18-jährige Soraya hatte deutsch-persische Wurzeln, ihr Vater stammte aus einer nomadischen Fürstenfamilie, ihre Mutter war Deutsche, in Moskau geboren. Soraya wuchs zwischen Isfahan, Berlin und der Schweiz auf. Sie und der Schah heirateten am 12. Februar 1951. Eine Trauung mit allem Glanz und Glamour: Allein das Brautkleid wog 20 Kilo – besetzt mit Diamantensplittern und Schwanenflaum. Der Marmorpalast in Teheran war mit einem Meer von Blumen geschmückt. Es war wohl eine Heirat aus Liebe, wie beide immer wieder betonten, doch die Ehe stand unter keinem guten Stern. Soraya Esfandiary Bakhtiary – wie sie sich nannte – wurde einfach nicht schwanger. Ihre Lebensgemeinschaft geriet in Gefahr, denn der sehnsüchtig erwartete Sohn, der das System stabilisieren sollte, war nicht in Sicht. Sieben Jahre später bot Soraya dem Schah die Scheidung an. Sie wollte keine Zweitfrau im Palast ertragen müssen. Wenige Zeit später verkündete der Schah im Rundfunk schweren Herzens und mit leiser Stimme, sich von seiner „lieben Gemahlin" getrennt zu haben. Eine Ehe ging zu Ende, die ihren Zweck nicht erfüllt hatte. Soraya erhielt eine Abfindung von damals 17 Millionen Mark, eine monatliche Apanage, Schmuck, Pelze und den Titel „Prinzessin".

Zur Schah-Zeit hatten die Frauen immerhin noch das Recht, sich scheiden zu lassen. Obwohl damals noch das alte persische Sprichwort galt, wonach eine Frau das Haus des Mannes im Weiß des Hochzeitskleides betritt und erst im Weiß des Leichenhemdes wieder verlässt. Doch seit der Iranischen Revolution haben sich die Gesetze geändert: Nach iranischem Recht kann sich ein Mann jederzeit ohne Angaben von Gründen scheiden lassen, während Frauen sich in einem Gerichtsprozess rechtfertigen müssen, der mehrere Jahre dauern kann. Außerdem bekommt der Ehemann automatisch das Sorgerecht für die Kinder. Angesichts dieser Ungleichheit verlangen immer mehr Frauen eine hohe „Mahr", eine einmalige Zahlung zu Beginn der Ehe, sozusagen eine Art Eheversicherung. Die Männer sind bei einer Trennung verpflichtet, ihrer Frau diesen Betrag auszuzahlen. Verzichtet die Frau auf diese sogenannte „Morgengabe", wird ihr die Scheidung leichter gemacht. In den vergangenen Jahren sind die „Mahr"-Zahlungen ins Unermessliche gestiegen – zum Teil auf mehrere zehntausend Euro. Ein Bekannter erzählte mir, dass manche Frauen vor der Hochzeit eine extrem hohe „Mahr" aushandeln, um sich dann kurze Zeit später wieder scheiden zu lassen. Inzwischen haben die geistlichen Machthaber im Iran eine Obergrenze für die „Morgengabe" eingeführt. Dennoch bleibt sie weiterhin ein Druckmittel für scheidungswillige junge Frauen.

Schon seit Jahren sinkt im Iran die durchschnittliche Heiratsrate. Die Scheidungsrate dagegen steigt. Staatliche Statistiken zeigen, dass die Scheidungen in den vergangenen 20 Jahren enorm zugenommen haben. Iranische Frauen trennen sich immer häufiger von ihren Ehemännern und schmeißen zur Feier des ersten Tages ohne Gatten auch noch eine ausgelassene Scheidungsparty. 2014 wurden vier Mal so viele Ehen beendet wie noch zehn Jahre zuvor. Beobachter sprechen von einem „Scheidungs-Tsunami". Inzwischen endet etwa jede fünfte Ehe in der Hauptstadt Teheran vor dem Familiengericht. Das mag auch daran liegen, dass die Islamische Republik aufgeschlossener und moderner ist als die arabische Welt und seine Rechtsprechung in Teilen liberaler als die islamische Lehre. Das zeigt sich zum Beispiel im Scheidungsgesetz. Wie in allen islamischen Gesellschaften werden die Ehemänner bevorzugt behandelt, indem sie sich eben leichter scheiden lassen können als die Frauen – doch immer häufiger trennen sich die Partner in Übereinstimmung und die Richter stimmen zu. Wenn der Ehemann sich stur stellt, kann die Frau die Mitgift in voller Höhe verlangen. Das kann die Männer in den finanziellen Ruin treiben.

Der Hang zur Auflösung der Ehe ist nicht nur in der Oberklasse der westlich orientierten Iranerinnen zu finden, die beispielsweise eine Zweitwohnung in London besitzen und deren Kinder im Ausland studieren. Der Wandel geht weitaus tiefer. Die Ayatollahs sind wegen der gestiegenen Scheidungsrate beunruhigt, denn durch die damit einhergehende Selbstständigkeit und Berufstätigkeit der Frauen werden immer weniger Kinder geboren. Iran hat zudem lange eine von der UN gelobte Bevölkerungspolitik betrieben. Verhütungsmittel waren günstig zu bekommen, Männer durften sich sterilisieren lassen. Somit sank die Geburtenrate auf 1,8 Prozent.

Das Selbstverständnis der Frauen im Iran hat sich in den vergangenen Jahren verändert. Viele Iranerinnen sind finanziell nicht mehr so abhängig von ihren Ehemännern. „Früher heiratete die Frau und fügte sich“, zitiert die Agentur Reuters einen Soziologen. „Heute geht sie, wenn sie unglücklich ist.“

Für die Konservativen im Land sind vor allem Blasphemie und der Einfluss westlicher Medien verantwortlich für die hohe Scheidungsrate. Aber ohne eine Reform oder Lockerung der Familiengesetze und ohne wirtschaftlichen Aufschwung wird der Trend zur Scheidung im Iran wohl anhalten.

Ehe auf Zeit

Die junge Frau guckt etwas verschämt zu Boden, ihr Begleiter füllt mit nervöser Hand ein Formular aus. Sepideh und Hassan sind im Büro eines iranischen Notars in einer versteckten Seitenstraße mitten im Zentrum von Teheran. Das Formblatt ist schnell ausgefüllt. 40 Euro pro Monat für Miete und Taschengeld trägt der Mann in das Feld „Brautgeld" ein. So viel hat Sepideh von Hassan verlangt und der ist – ohne mit der Wimper zu zucken – darauf eingegangen. „Wie lange soll die Ehe dauern?", fragt der Notar. „Vier Monate", antwortet Hassan. 20 Euro muss er noch für die Vertragsgebühr zahlen, dann unterschreiben beide. „Mobarake" – „Gratuliere!", sagt der Notar und drückt noch einen Stempel auf das Formular. Kennengelernt haben sich die beiden in einem Park, rein zufällig. Hassan ist eigentlich seit einigen Jahren glücklich verheiratet, mit seiner Frau hat er zwei Kinder. Trotzdem hat er sich in die dunklen Mandelaugen von Sepideh verliebt. Fortan treffen sie sich zwei bis drei Mal die Woche in einem kleinen Ort am Rande von Teheran. Sepideh war schon einmal verheiratet. Ihr Ehemann ist vor ein paar Jahren bei einem Unfall ums Leben gekommen.

Diese Form der Eheschließung wird „Sighe" genannt und hat bei schiitischen Muslimen eine lange Tradition. Denn außereheliche sexuelle Kontakte sind im Iran tabu und werden als unsittlich angesehen. Auf Prostitution stehen Peitschenhiebe, auf Ehebruch

Tod durch Steinigung – obwohl Iran offenbar die Steinigung einer Frau wegen Ehebruchs nicht mehr vollziehen will. Kritiker hingegen meinen, dass die Prostitution durch diese Form der Eheschließung eher befördert und legalisiert anstatt vermieden wird.

In überwiegend sunnitischen Ländern gibt es eine ähnliche Form, die „Mut'a-Ehe", was übersetzt „Genuss-Ehe" bedeutet. Allerdings haben die Frauen keinerlei Rechte und die Verbindung kann einfach durch Zerreißen des Ehevertrages beendet werden.

Die Zeitehe kann zwischen 30 Minuten und 99 Jahren dauern. Der Vertrag lässt sich beliebig oft verlängern. Frauen müssen allerdings zwei Monatszyklen warten, bis sie die nächste Verbindung mit einem anderen Mann eingehen – eine Bestimmung, die einer Zeit ohne Vaterschaftstest entstammt, um bei einer Schwangerschaft der Frau den Vater identifizieren zu können. Wird nämlich ein Kind geboren, ist er dazu verpflichtet, Unterhalt zu zahlen. Diese Regeln stehen in einer kleinen Mappe, in die auch das ausgefüllte Formular geheftet wird – eine Art „Heiratsurkunde".

Die Gründe, warum eine Frau sich zeitlich begrenzt an einen Mann bindet, sind häufig finanzielle Not oder der gesellschaftliche Druck. Manchmal auch einfach sexuelle wie emotionale Bedürfnisse. Manche Frauen wollen nach einer gescheiterten Ehe wieder Fuß fassen. Denn sie können sich nicht einfach so – ohne triftigen Grund – scheiden lassen, um hinterher einen Unterhaltsanspruch geltend zu machen. Oft verfallen sie nach einer Trennung in Armut oder verlieren ihren „guten Ruf" und müssen sich gegen die schamlosen Angebote von Männern aus ihrem Umfeld wehren. Sie hoffen, eine neue Ehe könnte ihr gesellschaftliches Stigma beenden. Allerdings kommt meist nur eine Zeitehe infrage, weil viele Männer nur einer Jungfrau ihr unbefristetes Jawort geben wollen. Denn die Jungfräulichkeit der Frau gilt, ähnlich wie in anderen Ländern der islamischen Welt, als bedeutsam und heilig. Daher lehnen viele Schichten die Polygamie ab und viele Iraner betrachten die Zeitehe als eine Form der legalisierten Prostitution.

Praktiziert wird die „Sigeh" im Iran allerdings nur noch selten und zumeist aus pragmatischen Gründen. Etwa zwischen Partnern aus verschiedenen Schichten oder aus unterschiedlichen Religionen. Auch wenn die Zeitehe heutzutage weniger verbreitet ist, greifen Menschen im Iran darauf zurück. Zum Beispiel wenn sie eine Wohnung kaufen oder verreisen wollen und keinen Partner haben. Denn unverheiratete Paare dürfen nicht gemeinsam reisen und nicht im selben Hotelzimmer übernachten.

Die Ehe von Sepideh und Hassan wurde noch zweimal verlängert. Insgesamt waren die beiden knapp neun Monate verheiratet. Sepideh wollte den Vertrag nicht noch einmal verlängern. Sie hat einen Mann gefunden, der sie „richtig" heiraten möchte.

Liebe für eine Stunde

Es ist Nacht in Teheran. Eine schwarz gekleidete Frau im Tschador steht an einer Straße und wartet auf ihren Freier. Sie muss Geld verdienen, damit ihr Leben auch morgen weitergeht. Prostituierte wie Azita bieten ihren Körper in den dunklen Gassen der Armenviertel im Süden Teherans an, während man sie im Norden der Stadt von den provokant gekleideten und grell geschminkten Damen der sogenannten guten Gesellschaft kaum mehr unterscheiden kann. Überall in den großen Städten Irans kann man es beobachten. An vielen Kreuzungen und bevorzugt am Kreisverkehr stehen teils sehr junge Frauen, die trotz Verschleierung an ihrem auffälligen Make-up, bunten Accessoires und einem suchenden Augenaufschlag erkennbar sind. Ein kurzer Blickkontakt, ein kaum erkennbares Nicken und schon ist man sich einig. Häufig werden auch per Handy Verabredungen getroffen und die Mädchen treffen sich mit ihren Kunden direkt in einer Wohnung. So laufen sie weniger Gefahr, erwischt zu werden. Teilweise steigen die Mädchen auch zum Freier ins Auto oder man verabredet sich an einem anderen Ort, zu dem man getrennt und mit zeitlichem Abstand anreist. Damit macht man es den wenigen noch aktiven Sittenwächtern schwer.

Azita wohnt in einer Ein-Zimmer-Wohnung in Ray – ein Stadtteil südlich der iranischen Hauptstadt – zusammen mit ihrem siebenjährigen Sohn Niam. Seit einigen Monaten verdient Azita ihr Geld mit Prostitution – offiziell strikt verboten. Es ist ein gefährliches Geschäft, denn jederzeit kann die Polizei einschreiten.

Unbegleitete Frauen erwecken oft den Verdacht, sie wären Prostituierte. Auf der Wache werden sie dann direkt gynäkologisch untersucht. Es soll festgestellt werden, ob sie noch Jungfrauen sind. Danach werden sie, je nachdem, ob man sie als Drogenabhängige, Prostituierte oder Vergewaltigungsopfer klassifiziert, in die entsprechende Einrichtung eingeliefert. Kurz nach der Islamischen Revolution wurde Prostitution noch mit der Todesstrafe geahndet, die Huren wurden öffentlich gehängt. Doch heute kommen sie mit einer Gefängnisstrafe von ein paar Monaten davon.

Ob in Teheran oder in anderen iranischen Großstädten: Eine verschleierte Frau, die (zu) lange an derselben Stelle steht, ist ziemlich sicher eine Prostituierte. Allein in Teheran soll es schätzungsweise 150.000 sogenannte Straßenmädchen geben. Die Armut auf dem Land, unzureichende Arbeitsmöglichkeiten und schwierige Familiensituationen sind die Hauptursachen für den Weg auf den Strich.

Die iranische Presse stellte die Prostitution schon in der Vergangenheit als eines der wesentlichsten Probleme im heutigen Iran dar. Artikel thematisieren Bordelle und Zuhälter-Unwesen, früher wurden Prostituierte auch ausgepeitscht. Die Mullahs versuchten, die Lage mithilfe von Fachleuten zu analysieren. Als Hauptgründe, warum Frauen sich prostituieren, wurden, wie schon erwähnt, die prekäre wirtschaftliche Lage des Landes und die rasant zunehmende Armut der unteren Schichten angeführt.

Nach der Iranischen Revolution 1979 hatten die Mullahs die Bordelle geschlossen und gleichzeitig die Verbesserung der Stellung der Frau versprochen. In Wirklichkeit hatte sich diese in der Folge unter der extrem konservativ ausgelegten Scharia, dem islamischen Recht, verschlechtert. Vor allem in den ländlichen Regionen suchen die Eltern oft noch den Ehemann für die Tochter aus; vorehelicher Kontakt zu Männern ist aber generell streng verboten. Die Pflicht, sich zu verhüllen, das Verbot, sich zu schminken, und die starke Benachteiligung der Frau im Scheidungsrecht sorgen beim weiblichen

Geschlecht für Unzufriedenheit. Gleichzeitig lassen sich Männer wegen des Verfalls traditioneller Werte immer häufiger scheiden. Viele Frauen treibt die Situation nach der Scheidung in die Prostitution.

Manche Frauen nehmen die Pille oder benutzen Kondome, um nicht schwanger zu werden. Verhütungsmittel wurden sofort verboten, als Khomeini an die Macht kam. So verdoppelte sich die Bevölkerungszahl innerhalb von 25 Jahren. Doch es gibt weder genug Arbeit noch eine Perspektive.

Junge Frauen wie Azita verlassen ihre Dörfer in der Hoffnung, in der Großstadt einen Job zu finden, und landen dann auf der Straße. Um das alles zu ertragen, nehmen viele von ihnen Drogen. Der Rausch lässt sie das Elend, in dem sie leben, vergessen, wenigstens für ein paar Stunden. Auch der Ehemann von Azita ist drogenabhängig. Er sitzt wegen Diebstahl und Drogenhandel für längere Zeit im Gefängnis.

Unter den Augen der Mullahs ist Iran Rekordhalter im Drogenkonsum geworden. Ein Land, wo ein Schuss Heroin nicht mehr kostet als eine Schachtel Zigaretten. Und vierzig Prozent der Menschen leben inzwischen unterhalb der Armutsgrenze, obdachlos, auf Almosen angewiesen. Die Prostituierten sind für umgerechnet 50 Euro zu haben, so viel beträgt etwa ein durchschnittlicher Wochenlohn.

Frauen und Drogen – früher war das im Iran kein Problem, doch inzwischen hat sich das massiv geändert. Frauen sind ebenso süchtig wie Männer, gerade die jungen. Und es gibt noch einen weiteren, traurigen Rekord: In keinem anderen Land der Welt ist die Selbstmordrate bei Frauen so hoch wie im Iran. Vor der Revolution galt Iran als eines der freizügigsten Länder der islamischen Welt, aber Khomeini nahm den Koran in die Gesetzgebung auf. Die Verlierer waren die Frauen.

An Versuchen der Mullahs, das Problem der Prostitution in den Griff zu bekommen, hat es nicht gemangelt. So schimpfte vor 15 Jahren Mohammad Ali Zam, Chef für kulturelle Angelegenheiten in Teheran, öffentlich in einer Zeitung: „Das Durchschnittsalter der Prostituierten ist in wenigen Jahren von 27 auf 20 Jahre gesunken. Unter

Highschool-Absolventinnen stieg die Prostitution auf das Fünffache und 90 Prozent der Schulmädchen, die von zu Hause weglaufen, landen auf den Straßen, enden als Huren."

„Dermaßen offen hatte sich seit der Revolution 1979, als die Mullahs die Bordelle im Teheraner Rotlichtviertel Schahre-No und anderswo plattwälzten und die Betreiberinnen der Etablissements aufknüpfen ließen, noch niemand über das Problem geäußert", schrieb seinerzeit die TAZ. „Zam" setzte damit im Parlament eine Lawine in Gang. Zum Entsetzen der ultra-konservativen Religionswächter diskutieren die Parlamentarier nun über Pläne, wie die Sittlichkeit unterm Schleier wiederhergestellt werden könne. Die Idee: staatlich kontrollierte Bordelle, sogenannte „Keuschheitshäuser" (KhanehEfaf). Dort könnte, praktischerweise unterm Deckmäntelchen der Religion, Beischlaf gegen Geld legalisiert werden.

Dieser Vorschlag wurde von den konservativen Politikern als Schande bezeichnet und nicht weiter verfolgt. Aber eine andere Möglichkeit, an anderer Stelle in diesem Buch behandelt, ist nach wie vor aktuell: Das theologische Konstrukt – die Ehe auf Zeit, genannt Sigheh, kann auch für eine halbe Stunde eingegangen werden und ist somit schiitisch religiös korrekt abgesegnet. Denn islamische Männer dürfen, neben ihren vier Ehefrauen „auf ewig", so viele Zeitehen eingehen, wie sie wollen. Ein Mullah traut die Prostituierte und ihren Freier, für ein paar Stunden oder Nächte, ganz nach Wunsch. Alles ist vertraglich geregelt. Man könnte diese Praxis als „Anschaffen im Namen Allahs" bezeichnen.

Hundert Jahre Frauenbewegung III (1961–1979)

Wahlrecht und weibliche Mullahs

Denkt man an iranische Frauen, kommen einem gleich die Bilder von tief verschleierten, schwarz gekleideten Frauen in den Sinn, die beinahe unsichtbar durch die Straßen von Teheran gleiten. Ansonsten hüten sie scheinbar zu Hause am liebsten treu und ergeben Herd, Heim und Kinder. Die Bilder täuschen. Obwohl der Schah nicht auf der Seite des Feminismus stand, kamen die Frauen unter seiner Herrschaft gegen den Widerstand der konservativsten geistlichen Kreise einige Schritte weiter vorwärts. Ab 1963 leitete der Schah zahlreiche Reformen ein. In der sogenannten „Weißen Revolution" versuchte er unter anderem das Land gesellschaftlich zu modernisieren. Die Rechte der Frauen sollten gestärkt werden. Zum Beispiel erhielten die Iranerinnen das Wahlrecht. In diesem Jahr setzten die Frauen auch ihr Recht auf Bildung durch. 1967 wurde durch das Familiengesetz die Polygamie eingeschränkt und die Scheidung für Männer erschwert, für Frauen erleichtert. Iranerinnen erhielten erstmals das Sorgerecht für ihre Kinder.

Iran ist zwar eine Islamische Republik, aber seine Rechtsprechung ist teilweise liberaler als die islamische Lehre und das Land ist der Moderne weiter aufgeschlossen als die arabische Welt. Vor allem Frauen der Mittel- und Oberschicht, die eher säkular eingestellt waren, profitierten von diesem Fortschritt. Jedoch die traditionell eingestellten Familien verwehrten ihren Kindern den Besuch von Schulen und Universitäten, da sie die Koedukation als unislamisch und sittenwidrig empfanden. So waren noch 1977 mehr als 60 Prozent der Frauen Analphabeten. Heute sieht es anders aus: Seit der Revolution gibt es nur noch Schulen für Männer und Frauen getrennt. Das Paradoxe daran ist, dass in den Universitäten beide Geschlechter wieder nebeneinander sitzen.

Viele Gesetze aus der Schah-Zeit wurden mit Beginn der Revolution im Jahre 1979 wieder abgeschafft. Vor allem jene, die die Frauen auf eine rechtliche Stufe mit dem Mann stellten. Stattdessen wurde eine neue, islamische Frauenrolle propagiert. Durch den Aufstand und die Einführung der Scharia änderte sich alles. Die strengen Regeln der Islamischen Republik führten dazu, dass Frauen vor allem in Bezug auf Bildung wieder gefördert wurden. Denn mit Kopftuch und in reinen Mädchenklassen durften auch die Mädchen und Frauen traditioneller Familien wieder lernen und studieren. Auch dadurch sind die Iranerinnen von heute selbstbewusster denn je und in fast allen beruflichen Sparten zu finden. Inzwischen gibt es an den Universitäten in nicht wenigen Disziplinen eine Frauenquote von 63 Prozent, diese ist sogar gesetzlich vorgeschrieben. Frauen arbeiten als Ärztinnen, Ingenieurinnen, Polizistinnen – es gibt sogar eine professionelle Rennfahrerin. Auch den Beruf der Regisseurin und sogar der Klerikerin üben sie aus. Frauen studieren Theologie und erwerben den Rang eines Mullahs, der sie berechtigt, den Koran auszulegen.

Sport: Tradition und Aufbruch

Laufen nur im Tschador

Sie spielen Tennis in wallenden Mänteln, fahren Wasserski in dunklen Gewändern und springen Fallschirm – verschleiert mit dem Tschador. Iranische Sportlerinnen müssen sich verhüllen, weil es verboten ist, den weiblichen Körper zu zeigen. Nur Hände und Gesicht dürfen sichtbar sein.

Als ich im vergangenen Jahr im Iran war, hingen an den Stadtautobahnen von Teheran riesige Plakate. Sie zeigten das Bild der damals 18-jährigen Taekwondo-Kämpferin Kimia Alizadeh, siegesfroh mit der Nationalflagge Irans in der Hand. Sie erlangte in Rio de Janeiro als erste Iranerin aller Zeiten eine olympische Medaille – die Bronzemedaille in der Kampfsportklasse bis 57 Kilo. Der Siegestag war der 18. August, ein historisches Datum für die Frauen im Iran. Kimia Alizadeh war außerdem die jüngste Sportlerin, die jemals mit einer iranischen Delegation an den Olympischen Spielen teilnehmen durfte. Es begann eine neue Ära: Die heute 19-Jährige krönte mit ihrem historischen Erfolg nicht nur den aufstrebenden Frauensport des Landes, sondern setzte auch neue Maßstäbe für die Weiterentwicklung des iranischen Frauensports.

Auch Zahra Nemati ist eine erfolgreiche iranische Sportlerin. Bei den Paralympics 2012 in London gewann sie eine Gold- sowie eine Bronzemedaille im Bogenschießen. Und im vergangenen Jahr schrieb sie erneut Sportgeschichte: Bei der Olympia-Eröffnungsfeier

2016 in Rio führte sie als erste Frau im Rollstuhl ihr Heimatland als Fahnenträgerin ins Maracanã-Stadion. Nemati blieb bei den Olympischen Spielen in Rio das Siegerpodest zwar verwehrt, aber sie hatte sich ebenso für die paralympischen Spiele qualifiziert. Dort holte sie wenige Wochen später die Gold- und Silbermedaille. Damals war sie noch als nationale Heldin gefeiert worden, doch der iranische Alltag holte sie schnell wieder ein. Ihr Ehemann verbot ihr fortan, ins Ausland zu reisen. „Ich werde nicht zulassen, dass sie das Land verlässt, auch nicht für Sportwettbewerbe", sagte er der Nachrichtenagentur ISNA.

Immer wieder wird im Iran von Imamen oder konservativen Abgeordneten die Frage gestellt: Warum müssen Frauen eigentlich Sport machen? Ginge es nach ihnen, sollten Frauen gar keinen Sport anschauen geschweige denn betreiben. Der Staat versucht nach wie vor, die Geschlechter im öffentlichen Raum zu trennen: Es gibt getrennte Schulen für Mädchen und Jungen, in den Moscheen gibt es getrennte Abteile für Frauen und Männer, in den Fitnessstudios und Schwimmbädern gibt es für sie unterschiedliche Trainingszeiten.

Wer hat die Fitnessstudios erfunden?

Auf meiner Reise im April besuchte ich ein Zurkhaneh – was übersetzt in etwa „Haus der Kraft" bedeutet. Dort schwingen die Männer schwere Keulen und Schilder – eine uralte persische Sportart, deren Ursprung im Training von Kriegern liegt. Kampftraining in der Kombination der Geistlichkeit des schiitischen Islam und des Sufismus. Die Keulen sind bis zu dreißig Kilo schwer, die Schilder je bis zu vierzig Kilo.

Wenn man es genau bedenkt, sind diese Zurkhanehs die Mütter aller Fitnessstudios. Männer drehen sich im Kreis um die eigene Achse. Warum machen sie diesen Sport, will ich von einem der Männer wissen. „Es geht um das Geistliche. Sport verändert die Seele. Wenn ich hier bin, vergesse ich alles andere. Es dreht sich nur um die Seele, Ali und die Religion. Und dem Körper tut es natürlich auch gut." Dieser Sport ist nur für Männer, bei Frauen habe ich es noch nie gesehen. „Gibt es auch Zurkhanehs für Frauen?", möchte ich wissen. „Nein, auf keinen Fall, es ist vom Ursprung her ein Männersport. Die Tradition kommt aus den Kriegen von früher. Zurkhaneh ist etwas Heiliges, es ist wie eine zweite Moschee für uns." Kann Heiliges denn nicht auch etwas für Frauen sein? „Nein, denn schon damals ging es um Kämpfe und Kriege und das ist nichts für Frauen."

Schade, dass die Zurkhanehs langsam aussterben. Seit 30 Jahren werden sie nicht mehr gefördert. Vor der Revolution war der Sport noch sehr populär, er wurde viel unterstützt und es gab eine Menge Sponsoren, große Geldsummen wurden hineingesteckt. Aber seit der Revolution wird kaum noch etwas für diese Sportart getan, weder finanziell noch menschlich. Leider geraten die Zurkhanehs immer mehr in Vergessenheit.

Sport hat im Iran eine lange Tradition

Die Iranerinnen sind jedoch nicht nur sportinteressiert, sondern treiben auch selbst aktiv Sport – vor allem die Mädchen und Frauen in den großen Städten. Iranische Sportwissenschaftler sind der Meinung, dass Fitness für beide Geschlechter wichtig sei und deshalb sportliche Aktivitäten zu fördern seien. Auch lässt sich in diversen Quellen nachlesen, dass sich Sport (auch für Frauen) und der Islam nicht ausschließen, zumal Mohammed selbst Reiten, Schwimmen und Bogenschießen empfohlen hatte. Trotzdem gilt der Frauensport in einigen islamischen Ländern als nicht tragbar. Die Frau hat sich unterzuordnen und sich um den Haushalt und die Familie zu kümmern. So wie es in Saudi-Arabien der Fall ist. Das Königreich dürfte das einzige Land der Welt sein, das bewusst den meisten Frauen die Möglichkeit vorenthält, Sport zu treiben. Alle Sporteinrichtungen und -vereine stehen ausschließlich Männern offen. Es gibt keine Frauenligen und kein olympisches Programm für Frauen. An staatlichen Schulen werden nur Jungs in Sport unterrichtet. Lediglich zu Hause können Frauen Sport treiben oder in teuren Gesundheitsclubs, die an einige Krankenhäuser angegliedert sind.

Nicht so im Iran, denn dort gibt es eine offizielle Frauenbewegung, die – neben dem vergleichsweise hohen Bildungsniveau der Frauen – zum Heranwachsen einer überraschend selbstbewussten jungen Frauengeneration beiträgt. Der Frauensport im Iran hat in mehr als

25 Sportarten eine lange Tradition – 1964 gab es die ersten Olympia-teilnehmerinnen. Die verschiedenen Disziplinen wurden in den Sieb-zigerjahren durch unterschiedliche Initiativen weiter gefördert. An-fang der Siebzigerjahre förderte die Bundesrepublik Deutschland den Aufbau einer Sporthochschule in Teheran. Dort konnten Frauen und Männer ein vierjähriges akademisches Studium oder verschiedene nichtakademische Ausbildungsgänge absolvieren. 1974 wurde dann ein hauptamtlicher Berater und Trainer aus Deutschland nach Tehe-ran entsandt. Zahlreiche iranische Studenten wurden an der Sport-hochschule in Köln ausgebildet. Der Fortschritt im Sport wurde nicht zuletzt durch die Ausrichtung der Asienspiele 1974 beschleunigt, für die Sportanlagen und auch ein Schwimmbad errichtet wurden. Zwar beendete die Revolution 1979 diese positive Entwicklung in Sachen Frauensport, doch seit Mitte der Achtzigerjahre setzen sich ehemalige Leistungssportlerinnen, Feministinnen und religiöse Frauengruppen für die Wiederbelebung ein. Unterstützt werden sie dabei von Faezeh Hashemi, der Tochter des früheren Präsidenten Hashemi Rafsanjani. 1993 rief sie die sogenannte „Islamische Olympiade" ins Leben: Seit-dem findet sie regelmäßig in Teheran statt – und wie immer werden die islamischen Gesetze streng befolgt.

Ein typisches Zurkhaneh in der Stadt Shiraz

Im Iran haben die Frauen zwei Möglichkeiten, Sport zu treiben. Entweder unter Ausschluss der männlichen Öffentlichkeit, also in Hallen oder Studios, oder im Freien – dann allerdings nur mit langem Mantel und Kopftuch. Sie fahren Ski, wandern und besteigen Berge, joggen oder fahren Kajak. Indoor machen Iranerinnen mit Begeisterung Aerobic oder Leichtathletik, sie schwimmen gerne, tanzen, üben Karate oder andere Kampfsportarten aus, spielen Volleyball, Basketball oder Fußball (auf einem Fußballfeld könnten die Männer sie ja schließlich beobachten). Dass iranische Frauen auch Fußball lieben, nahm die Weltöffentlichkeit erstmals 1997 zur Kenntnis. Damals qualifizierte sich die iranische Fußballnationalmannschaft für die Weltmeisterschaft 1998. Bei dem Turnier bezwang das Team Melli auch noch ausgerechnet die USA – daraufhin gab es wohl den größten nichtkontrollierten Menschenauflauf seit der Islamischen Revolution 1979: Eine ganze Schar von Frauen stürmte – trotz Verbot – das Azadi-Stadion in Teheran und tanzte auf den Straßen. Die Ordnungshüter waren schlichtweg überfordert und wussten nicht so recht, wie sie damit umgehen sollten. Auch im Sommer 2005, als nach dem 1:0 gegen Bahrain die Fußball-WM-Teilnahme im darauffolgenden Jahr vorzeitig feststand, strömten vor allem junge Menschen auf die Straßen und Plätze der iranischen Hauptstadt – und die Frauen rissen sich die Kopftücher von den Haaren.

Laut offiziellen Schätzungen sind im Iran mehr als 60 Prozent der Fußballfans weiblich. Vor allem junge Frauen verehren die Spieler der großen Teheraner Klubs Persepolis und Esteghal. Sie verfolgen die Stars, die in der Bundesliga spielen: Ali Karimi, Mehdi Mahdavikia oder Fereydoons Zandi. Der wohl populärste iranische Sportler überhaupt ist der frühere Stürmer von Bayern München Ali Daei, der heute in Teheran eine Sportartikelfirma betreibt. Iran ist extrem fußballbegeistert, täglich erscheinen fast ein Dutzend Sporttageszeitungen. Und wenn die beiden Teheraner Großklubs aufeinandertreffen, kommen mehr als 100.000 Zuschauer ins Azadi-Stadion, natürlich nur männliche. Es sei denn, die Frauen suchen sich einen Weg, um doch noch ihre Stars bewundern zu können, so wie einst bei einem

Volleyballspiel zwischen Iran und Brasilien, als die Gäste ihre weiblichen Fans mit in die Halle bringen durften. Ein paar Iranerinnen nutzten die Chance und schminkten sich kurzerhand ihre Wangen blau-gelb-grün und schmuggelten sich auf die Tribüne.

Dass Frauen von sportlichen Aktivitäten ausgeschlossen werden, passiert immer wieder. Erst im April dieses Jahres fand in Teheran der erste internationale Marathon statt. Eigentlich sollten auch iranische Frauen daran teilnehmen, gemäß der islamischen Kleiderordnung sogar mit Kopftuch, langem Trikot und Trainingshose. Doch sie wurden zwei Tage vor dem Rennen ausgeschlossen. Sie organisierten daraufhin ihren eigenen Lauf – allerdings durften sie nur zehn Kilometer im Azadi-Stadion laufen.

Ohne Kopftuch auf die Piste

Die Hänge des Elburs-Gebirges sind mit Pulverschnee bedeckt. Das größte Skigebiet Irans heißt Dizin, liegt zwei Autostunden von Teheran entfernt und schneesicher in bis zu 3600 Meter Höhe, was Dizin zu einem der 40 höchstgelegenen Skigebiete der Welt macht. Es wurde 1969 gegründet. Im Sommer wird dort Grasski betrieben. 1996 fand der erste nationale Wettkampf statt. 2005 war Dizin Austragungsort der Grasski-Weltmeisterschaft und 2010 der Grasski-Juniorenmeisterschaft. Im Winter werden auch Skimeisterschaften ausgetragen. Julia, die Tochter meiner Freundin Annette Bernbeck, nahm vor vier Jahren an den Juniorenmeisterschaften teil und gewann Gold.

Inzwischen gibt es zwei Hotels, 19 Hütten und fünf Restaurants und einige private Appartements. Es herrscht eine unglaubliche Ruhe – keine grölenden Skifahrer, kein Après-Ski, keine DJ-Bars. Frauen und Männer stehen getrennt an den Liften. Am Ende der Warteschlange landen erstaunlicherweise alle wieder gemeinsam in den wackligen orangefarbenen Vierergondeln. Es wird geplaudert und natürlich heftig geflirtet. Eigentlich soll es auch getrennte Skipisten geben, doch das funktioniert nicht so wirklich. Auch nicht alle Lifte sind geschlechtergetrennt. Warum weiß niemand. Dizin ist ein Paradies für Nostalgiker – die Anlagen stammen aus Zeiten des Schahs, seitdem wurde daran kaum etwas verändert. Das einzige Moderne sind riesige Werbetafeln von Samsung, Sony und Benetton, die ganz verloren in den Schneehängen stecken. Oder die Gondeln mit Milka- und Jakobs-Werbung darauf. Die Frauen sind extrem aufgebrezelt mit allem, was die gängigen Modemarken zu bieten haben. An den Füßen stecken die teuersten Skimodelle und überall sieht man die mit weißem Pflaster beklebten Nasen. Voller Stolz wird der Heilungsprozess der letzten Schönheitsoperation zur Schau gestellt. Im Pulverschnee unter strahlend blauem Himmel erinnert nicht viel an das streng muslimische Regime der Mullahs. Der Skihelm ersetzt das obligatorische Kopftuch und so sehen die Skifahrerinnen 1:1 wie die in den Alpenorten aus. Niemand stört sich daran, denn die Sittenwächter sind hier nicht präsent. Angeblich soll es früher mal Kontrolleure gegeben haben, die in mintgrünen Skianzügen patrouillierten, doch gesehen habe ich noch nie welche. Die Iraner lieben Skifahren und so sind die Pisten von Dizin an den Wochenenden gut besucht. Mein Mann, der dort auch ein paar Tage Ski fuhr, konnte nicht mehr zwischen Touristen aus aller Welt, die sich dort auch tummeln, und Iranern unterscheiden. Was dazu führte, dass man viel schneller ins Gespräch kam als in europäischen Skigebieten. „Selten habe ich mich mit derart vielen Menschen unterhalten wie an meinem Skitag in Dizin. Immer wieder wurde ich gefragt: Wo kommst du her, wie gefällt es dir hier? Verbunden mit großem emphatischen Interesse", erzählt mein Mann. Unsere damals sechsjährige Tochter Mina, Anfängerin auf Skiern, war mit den recht steilen Hängen etwas überfordert. Eine junge Skilehrerin bemerkte es, nahm unsere Tochter kurzerhand unter ihre Fittiche und lief mit ihr für den Rest des Tages Ski. Nein, Geld wolle sie nicht, es sei ihr eine Freude, erwiderte die junge Frau. Iran halt.

Freie Fahrt für mutige Iranerinnen

Sohre Watanchah sitzt in ihrem rosafarbenen Toyota Corolla. Ein zerbeulter Wagen mit Überrollbügel und Schalensitzen – Baujahr 2006. Aus den Lautsprechern tönt Musik von Shakira. Sie trommelt mit ihren rot lackierten Fingernägeln auf dem Lenkrad und fährt mit ihrem Rennwagen über die Stadtautobahn ins Zentrum von Teheran. Die Straßen sind mal wieder verstopft. Es geht kaum vorwärts. Sohre hasst diesen täglichen Stau, diesen ewigen Stillstand. Sie liebt es schnell zu fahren, denn Geschwindigkeit ist ihr Beruf. Sohre Watanchah ist professionelle Rennfahrerin. Ihre Sonnenbrille, die sie auf der Nase trägt, ist so groß, dass sie fast ihr ganzes Gesicht verdeckt. Ihre Augenbrauen sind schön geformt, ihre Haare mit blonden Strähnen gefärbt, die Lippen aufgespritzt. Sie mag es modern, ist selbstbewusst und lebensfroh. Für die radikalen Mullahs in der Islamischen Republik ist sie eine Sünderin, für die urbane Jugend ein Vorbild. Sohre Watanchah und ihre Freundin Laleh Sadigh sind die einzigen Rennfahrerinnen im Iran, allein unter Männern. Sohre studierte Elektrotechnik. 2008 landete sie bei 35 Rennen 27 Mal unter den ersten drei. Laleh machte ihren Doktor im Sportmanagement. Sie ist die Älteste von vier Kindern. Ihre Eltern sind sehr wohlhabend. Sie wohnen in Teheran, im Nobelviertel Niawaran. Dort kostet der Quadratmeter rund 3500 Euro, dafür ist die Luft viel angenehmer. Ihr Vater hat in der Schweiz studiert. Heute besitzt er eine Firma, die

Heizöfen und Ersatzteile für Motoren produziert. Laleh ist die einzige Frau im Iran und die vierte weltweit mit einer Formel-3-Lizenz. 2005 fuhr sie in der Teheraner Azadi-Rennbahn den männlichen Konkurrenten davon und wurde nach einer sehr erfolgreichen Saison nationaler Champion in der Klasse bis 1600 Kubik. Nach ihren Siegen wurde beiden mitgeteilt, dass sie nicht mehr im Iran starten dürfen, denn der nationale Motorsportverband ließ gemischte Rennen nicht mehr zu. Die beiden vermuteten, dass es ihren männlichen Kontrahenten schlichtweg nicht gefiel, weibliche Rennchampions auf dem Podest stehen zu haben. Daraufhin suchte Laleh einen Mullah auf, der in einer Fatwa (ein islamisches Rechtsgutachten) erklärte, „dass es keinerlei religiöse Gründe gebe, die Frauen verbieten würden, gegen Männer Rennen zu fahren, solange die islamische Kleidervorschrift gewährt würde". Im Hinblick auf die Sicherheitskleidung im Motorsport dürfte dies eigentlich kein Problem sein.

Behnaz fährt Motorradrennen

Sie ist klein, zierlich, sehr weiblich, stark geschminkt – und die erste Frau, die offiziell von der Regierung die Erlaubnis bekommen hat, professionell Motorrad zu fahren. Als 15-Jährige saß Behnaz Shafiei zum ersten Mal auf einer großen Maschine. Heute ist sie 28 Jahre alt. In Karaj, einem Vorort von Teheran, wo sie wohnt, fährt sie manchmal mit ihrem Motorrad herum. Wenn die Männer mitbekommen, dass sie eine Frau ist, hupen sie, um ihr zu gratulieren, manche rufen ihr allerdings zu: „Geh zurück an deinen Herd."

Trainieren darf sie nur in der Wüste – 45 Kilometer westlich von Teheran – auf Amateurpisten. Die Erlaubnis bekamen sie und noch fünf andere Frauen im Land von der Motorradvereinigung. Behnaz Shafiei ist eine Kämpferin – dabei geht es ihr nicht nur um das Motorradfahren, sondern auch um die Rechte der Frauen im Iran. Sie gehört zu den besten Motocross-Fahrerinnen im Iran. Aber auf öffentlichen Straßen darf sie nicht fahren. Denn hubraumstarke Motorräder sind im Land gesetzlich verboten. Doch es gibt auch Ausnahmen. Vor vier Jahren fuhren unsere Freunde Annette und Daniel Bernbeck – nach ihrem dreiwöchigen Urlaub in ihrer Heimat Deutschland – mit dem Motorrad nach Iran. Die beiden lebten und arbeiteten damals in Teheran – Daniel als Geschäftsführer der Außenhandelskammer, Annette als Reiseleiterin, Hausfrau und Mutter von drei Kindern. Nach langem Hin und Her und dem Ausfüllen zahlreicher

Formulare bekam meine Freundin endlich die lang ersehnte Genehmigung – eine absolute Ausnahme. Und das ging auch nicht ohne Polizeischutz. Als die beiden die iranische Grenze passierten, wartete schon eine Eskorte von Sicherheitsbeamten und begleitete sie bis zum Azadi-Stadion von Teheran, wo wir und all ihre Freunde sie freudestrahlend empfingen. Vielleicht auch ein kleiner, positiver Schritt in Richtung Frauenrechte.

Annette und Daniel Bernbeck kommen mit dem Motorrad im Azadi-Stadion von Teheran an und werden von ihren Freunden empfangen.

Hundert Jahre Frauenbewegung IV (1980–1996)

Islamische Revolution und der Rückschritt

Heute ist die Frauenbewegung nicht nur in den großen Städten, sondern überall präsent. Doch bis dahin war es ein langer Weg, den die Frauen zurücklegen mussten. Einen Monat nachdem der Revolutionsführer Khomeini aus dem Exil zurückgekehrt war, gab er eine Erklärung ab: Von nun an dürften sich Frauen nur verschleiert in der Öffentlichkeit bewegen. Es war der 7. März 1979, als alle Frauen Kopftücher trugen. Einen Tag später, am Internationalen Frauentag, kam es zu lauten Protesten. Die Frauen gingen auf die Straßen und machten ihrem Ärger Luft. Im Gegenzug kam es zu Übergriffen islamischer Milizen. Ein Jahr zog sich der Aufstand der Frauen hin. Am Anfang schreckte das Oberhaupt noch vor den Angriffen zurück und erklärte alles für ein Missverständnis, dann folgten Schritt für Schritt die Einschränkungen: Fortan wurden Frauen ohne korrekte Kopfbedeckung auf Ämtern ignoriert, der Zutritt auf den Campus der Universitäten wurde ihnen verwehrt, wenig später wurden sie in den Geschäften nicht mehr bedient. Die letzte Protestaktion fand ein Jahr später, am 8. März 1980, statt. Von nun an wurde der Internationale Frauentag durch die Feier des Geburtstages von Fatima, der Tochter Mohammeds, ersetzt. Erst 20 Jahre später, am 8. März 2000, wurde der Frauentag zum ersten Mal erneut „gefeiert". Seitdem finden die Forderungen der Frauen wieder mehr Gehör.

Doch die Verschleierung ist das kleinste Übel, das die Iranerinnen auf sich nehmen müssen. Schlimmer sind die Familien-, Straf- und Erbrechtsangelegenheiten. Nur kurze Zeit nach der Machtübernahme Khomeinis wurde beispielsweise das durch den ehemaligen Schah Reza Pahlavi etablierte „Gesetz zum Schutz der Familie" außer Kraft gesetzt und durch ein neues Familienrecht ersetzt, das sich streng nach der Scharia richtet. Es wurde ayatollahmäßig zurechtgestutzt und machte die Frauen zu Menschen zweiter Klasse. Denn sie erben nur die Hälfte dessen, was Männer erhalten. Im Falle einer Scheidung zählt die Aussage vor Gericht nur halb so viel und auch das Zeugnis einer Frau hat vor Gericht nur die Hälfte des Gewichts im Vergleich zu dem eines Mannes. Die finanzielle Entschädigung für die Hinterbliebenen einer Frau – im Falle eines Unfalls – ist nur halb so hoch wie für einen Mann. Mädchen sind mit 9 Jahren strafmündig, Jungen erst mit 15. Die Frau muss ihren Mann um Erlaubnis fragen, wenn sie studieren, arbeiten oder reisen möchte. Mädchen können schon im Alter von 13 Jahren verheiratet werden. Vielweiberei ist erlaubt, also das Recht eines Muslims, bis zu vier Frauen zu heiraten. Dazu ist zu erwähnen, dass in einigen Ländern, wie beispielsweise in Saudi-Arabien, Polygamie sehr verbreitet ist. In anderen Ländern – wie im Iran – kommt sie äußerst selten vor.

Die Islamische Revolution brachte ein gespaltenes Verhältnis für die iranischen Frauen mit sich: Zwar wurden sie im rechtlichen Sinn benachteiligt, gesellschaftlich wurden sie jedoch nie so stark ausgeschlossen. Auch waren sie nie vollständig machtlos, wie dies in manch anderen islamischen Ländern heute noch der Fall ist. Man denke nur an Saudi-Arabien oder Afghanistan. Im Restaurant sitzen saudi-arabische Frauen an den Tischen von den Männern getrennt. Sie dürfen nicht Auto geschweige denn Fahrrad fahren. Überhaupt sind sie auf den Straßen kaum zu sehen und falls doch, nur verhüllt mit einem Schleier. Kommt es zum Ehebruch, wird dieser mit der Todesstrafe geahndet. Dennoch bewegt sich etwas in dem Land: Mehr als die Hälfte der Studierenden sollen mittlerweile weiblich sein. Und immer mehr Frauen gehen arbeiten und verdienen ihr eigenes Geld. In dem Staat, der etwa sechs Mal so groß ist wie Deutschland, aber nur gut ein Drittel so viele Menschen zählt, weht ein Hauch westlicher Tradition.

Nicht nur Männer sitzen in Führungs-positionen

Die Botschafterin

Im Oktober 2015 hat Iran zum ersten Mal seit der Islamischen Revolution eine Frau zur Botschafterin ernannt: Marzieh Afcham vertritt ihr Land in Malaysia. Fast vier Jahrzehnte lang hatte es keine Frau mehr auf den Botschafterposten geschafft. Afcham gilt als sehr linientreu, stets tritt sie nur in traditioneller Kleidung mit Tschador auf. Sie wurde in Teheran geboren und studierte an der Allameh-Tabataba'i-Universität sowie an der weltweit drittgrößten Hochschule, der Azad-Universität. Präsident Rohani sagte damals, sie habe den Hintergrund für ein Verständnis der Welt von heute. Außerdem spreche sie Englisch und Französisch. Die damals 53-Jährige war seit August 2013 Außenamtssprecherin und davor schon 33 Jahre im Außenministerium tätig, unter anderem als Leiterin der wichtigen PR-Abteilung.

Vor der Revolution gab es schon einmal eine Iranerin auf einem Botschafterposten: 1975 wurde Mehrangiz Dolatshani nach Dänemark entsandt. Aber das waren ganz andere Zeiten. Schah Reza Pahlavi war westlich orientiert, und somit rüstete er sich beispielsweise mit der Gleichberechtigung auf allen Ebenen, bis er am 16. Januar 1979 den Iran wegen anhaltender Proteste verlassen musste. Ein Jahr später starb er in einem Kairoer Militärkrankenhaus. Übrigens endete mit der Revolution auch die Karriere der iranischen Botschafterin in Dänemark. Sie verließ die Botschaft in Kopenhagen und ging ins Exil nach Paris.

Der moderate iranische Präsident Rohani hatte nach seiner Wahl 2013 die Minister aufgerufen, Frauen in hohe Positionen zu befördern. Elf Personen wurden zu Vizepräsidenten ernannt, drei davon waren Frauen.

Die Vizepräsidentin

Schwarzer, langer Mantel, schwarzes Kopftuch, eng um die Haare gebunden Masoumeh Ebtekar hält sich an die Kleidervorschriften für die Frauen in offiziellen Positionen. Masoumeh Ebtekar wurde 1960 in Teheran geboren. 37 Jahre später wurde sie von Präsident Chatami als erste Frau in der Geschichte Irans in ein Vizepräsidentenamt berufen. Die Ernennung Masoumeh Ebtekars war eine Verbeugung Khatamis vor den Frauen des Landes, die ihm so entscheidend zu seinem überwältigenden Wahlsieg von 69 Prozent verholfen hatten. Der Präsident wollte damit beweisen, dass er seine Wahlkampfversprechen ernst meinte. Vor den Wahlen hatte er von Toleranz und Dialog gesprochen, hatte sich für eine größere Rolle der Iranerinnen im öffentlichen Leben engagiert und damit bei vielen Jugendlichen und besonders bei vielen Frauen Anklang gefunden. „Nicht Geschlecht, sondern Verdienst und Befähigung sind die Kriterien dafür, wem in Politik und Gesellschaft des islamischen Systems Verantwortung übertragen wird", lautet einer seiner Grundsätze.

Masoumeh Ebtekar gehörte damals zum gemäßigten Flügel der islamischen Frauenbewegung im Iran und war damit konventionstreu, um die Islamisten in Chatamis eigenen Reihen nicht zu verschrecken. Sie hat beim Hauptfeind der fundamentalistischen Mullahs – den USA – Chemie studiert und promoviert, spricht fast akzentfrei Englisch und engagiert sich seit Langem in der Politik. Ein

Ministeramt kam für Masoumeh Ebtekar allerdings nicht infrage, weder für sie noch für eine andere Frau, denn das von Konservativen dominierte Parlament Irans muss die Kabinettliste Person für Person bestätigen. Und da hätte eine Frau keine Chance gehabt. Die Vizepräsidentin aber darf das Staatsoberhaupt allein ernennen.

Die Naturwissenschaftlerin zählt zu einer neuen Generation von Frauen, die sich zu den Lehren des Imam Khomeini und zum islamischen System bekennen, die aber im Rahmen dieses Systems für eine neue Rolle der Frau kämpfen. Ebtekar zählt, wie übrigens unter anderem auch die Tochter von Expräsident Rafsandschani, Faezeh Haschemi, zu den führenden Repräsentantinnen der neuen Bewegung. Auf den Weltkonferenzen in Nairobi und Peking hatte sie Iran vertreten und sich jahrelang auch publizistisch als Mitglied der Redaktionsleitung einer Zeitung für mehr Rechte der Frauen eingesetzt. Mit ihrer Ernennung zur Vizepräsidentin hat Irans „zweite Revolution", die Revolution gegen das starre patriarchalische System, eine wichtige Schlacht gewonnen.

Die Mutter zweier Söhne hat von Anfang an für die islamische Revolution gekämpft und wurde als Sprecherin der Geiselnahme in der US-Botschaft Anfang der 80er-Jahre berühmt. Von 2007 bis 2013 war sie Mitglied des Teheraner Stadtrats. Im Herbst 2013 ernannte der amtierende iranische Präsident Rohani Masoumeh zur Leiterin der Umweltbehörde und erneut zu seiner Stellvertreterin. Ihre Nominierung zeigt, dass die Regierung einerseits auf bestehende Expertisen zurückgreift und das Amt andererseits mit einer renommierten und politisch einflussreichen Person besetzt. Ihr wird zugetraut, durch ihre guten Kontakte zum Ausland und durch Kooperation gewisses Know-how und eine moderne Form der Umweltpolitik nach Iran zu holen. Und das ist auch notwendig, denn die ökologischen Herausforderungen, vor denen das Land steht, sind enorm. Gravierende Luftverschmutzung und Wasserknappheit gehören zu den akutesten Problemen Irans.

Die Theaterintendantin

35 Jahre nach der Revolution wurde die Regisseurin Parisa Moghdati Intendantin des Stadttheaters von Teheran. Seitdem leitet
die 46-Jährige die größte Bühne der iranischen Hauptstadt. Eine
kleine Sensation, denn seit 1979 hatten nur Männer die Theater
im Iran geprägt. Moghdati ist in der iranischen Kulturszene eine
Größe: Nach einem Diplom in Stadtplanung studierte sie an der
Kunstuniversität in Teheran Theaterwissenschaften und insze-
nierte danach eigene Bühnenstücke. Außerdem arbeitete sie vier
Jahre lang als stellvertretende Intendantin des Stadttheaters, wo sie
auch für die Programmgestaltung und die Koordination zuständig war. Das Stadttheater liegt mitten im Zentrum von Teheran,
am Rande des Laleh-Parks. Es ist das größte Theater in der Islamischen Republik. 1967 ließ Farah Diba es bauen. Das kreisför-
mige Gebäude hat bis zu tausend Sitzplätze. Früher konnten die
Besucher hier Opern- und Ballettaufführungen sehen, doch heute
werden nur noch originär iranische Stücke gezeigt. Jedes Jahr zeigt
das Theaterfestival „Fajr" internationale und nationale Produktionen. 2016 wurde Thomas Ostermeiers „Hamlet"-Inszenierung
mit dem Großen Preis der Jury ausgezeichnet. Jedoch werden alle
Produktionen vorher von der staatlichen Behörde, dem „Dramatic
Art Center", abgesegnet. Sie fördert das Festival „Fajr" jährlich mit
3,6 Millionen Euro.

Es gab eine Phase des großen Aufbruchs für das Theater im Iran – zu Zeiten des Schiras-Kunstfestivals. Es fand 1967 bis 1977 statt und wurde von Farah Diba ins Leben gerufen. Einheimische und westliche Künstler zeigten ihre Produktionen. Nach der Revolution jedoch war an experimentelles Theater nicht mehr zu denken. Und heute? Frauen dürfen nur mit einem Kopftuch auftreten, Männer auf der Bühne zu berühren ist ihnen untersagt.

Das Nationalballett wurde kurz nach der Revolution aufgelöst, nachdem alle ausländischen Tänzer und Tänzerinnen die Flucht ergriffen hatten. Nachdem die damalige Regierung gestürzt worden war, erklärte man das Tanzen zur Sünde. Seitdem treffen sich junge Iranerinnen an geheimen Orten – in Privaträumen, hinter Fensterfronten oder auf Dächern. Vor drei Jahren landeten drei Iranerinnen und drei Iraner für kurze Zeit im Gefängnis. Sie hatten heimlich ihre eigene Tanzversion von Pharrell Williams' Song „Happy" aufgenommen und als Clip bei YouTube eingestellt. Die Frauen tanzten auch noch unverschleiert und so wurde die Gruppe von der Sittenpolizei identifiziert, festgenommen und später gegen eine Kaution wieder freigelassen. Bereits ein Jahr zuvor – ohne Bezug auf das Video – twitterte Präsident Rohani: „Glück ist das Recht unseres Volkes. Wir sollten nicht allzu hart gegenüber Verhaltensweisen sein, die durch Freude passiert sind."

Während der Revolution wurden diverse Tanzlokale geschlossen und durch Teehäuser ersetzt. In besonders edlen Restaurants ist allerdings Livemusik erlaubt, aber selbstverständlich treten nur Männer auf, denn Frauen ist auch das Singen in öffentlichen Räumen verboten. Gegen dieses Verbot wurde 2015 eine Facebook-Kampagne gestartet, nachdem auch noch eine damals bekannte Frauenband nicht mehr auftreten durfte. Diese Kampagne wurde von einer Journalistin, die ihren Namen nicht nennen möchte, ins Leben gerufen. Heute lebt sie in Amerika, nachdem sie 2009 einen Korruptionsskandal aufdeckte und ihr Heimatland Iran verlassen musste. Vor zwei Jahren gründete sie die Facebook-Seite „Azadihayehyawashaki" – „versteckte Freiheit" – die übrigens heute nicht mehr abrufbar ist. Iranerinnen schickten an diese Seite ihre Bilder, die sie im Freien ohne Kopftuch aufgenommen haben, oder ihre heimlich produzierten Gesangsvideos. Damals hatte die Seite bei Facebook an die 750.000 Fans. Mit der Kampagne wollte die Journalistin den Frauen Irans eine Stimme geben, eine Stimme, die im Iran seit fast vierzig Jahren stumm geworden war. Außerdem wollte sie der Welt ein anderes Bild von der iranischen Frau zeigen – einer Frau, die nicht im schwarzen Tschador verhüllt ist, sondern eine moderne Frau, die singen möchte.

Die Bürgermeisterin

Von 2004 bis 2006 war Mehri Roustaie Gherailou Bürgermeisterin der Stadt Saveh, als zweite Frau in der Geschichte der Islamischen Republik Iran.

Samiyeh Balouch Zahi war gerade einmal 26 Jahre alt, als sie 2013 in der Stadt Sarbaz in der südostiranischen Provinz Sistan-Belutschistan zur Bürgermeisterin gewählt wurde. Sie studierte in Teheran das Fach Naturressourcen. Etwa 2,5 Millionen Einwohner zählt die Provinz Sistan-Belutschistan und grenzt an Pakistan und Afghanistan. Die meisten Bewohner der Stadt Sarbaz leben von Viehzucht und Landwirtschaft. Sie gehören der ethnischen Minderheit der Belutschen an und bekennen sich zur sunnitischen Glaubensrichtung. Somit ist Samiyeh Balouch Zahi nicht nur die erste Frau, sondern auch die erste Sunnitin auf diesem Posten. In einem Interview mit einer iranischen Zeitung brachte sie die Hoffnung zum Ausdruck, dass ihre Wahl eine positive Wirkung auf die Gleichstellung von Mann und Frau im gesamten Land habe.

Vier Jahre später gab es eine Rekordzahl bei der 5. Stadträtewahl – in den Stadträten der südostiranischen Provinzen Sistan und Belutschistan gingen 415 Sitze an Frauen. Das sind mehr als doppelt so viele wie bei der vergangenen Wahl. Allein in der Stadt Khaash mit 170.000 Einwohnern errangen 131 Frauen Plätze im Stadtrat, berichtete die Nachrichtenagentur IRNA. Bislang gibt es jedoch keine genaue Angabe darüber, wie viele Stadtratssitze landesweit an Frauen gehen werden.

Die Königin der Trucker

Seyedeh Fatemeh Moghimi sitzt in ihrem hellen, modern eingerichteten Büro in der iranischen Handelskammer in Teheran. Die Frau wirkt sehr selbstbewusst, ihr seidenes, blau-beiges Kopftuch hat sie eng um die Haare gebunden. Ihr Make-up ist dezent. Lediglich ein wenig Wimperntusche hat sie aufgetragen. Ihre großen Augen glänzen. Wenn sie lacht, bilden sich kleine Grübchen um ihren Mund. Moghimi spricht wie ein Wasserfall, ständig klingelt das Telefon. Einer ihrer Mitarbeiter ist mit dem Auto liegen geblieben. Rund um die Uhr steht sie für ihre Angestellten parat. Sie wird die „Königin der Trucker" genannt. Seyedeh Fatemeh Moghimi ist Chefin von Sadidbar, einem der führenden iranischen Logistikunternehmen. Es bietet Transporte zu Lande, auf See und in der Luft bis nach Westeuropa, Russland und Afghanistan an. Nachdem sie Bauingenieurwesen studiert hatte, war sie Angestellte in einer Transportfirma. Doch sie fühlte sich nicht wohl in ihrem Job und gründete ihr eigenes Unternehmen. Die erste Herausforderung war, eine Bewilligung von der Regierung zu bekommen, eine Firma gründen zu dürfen. Die Beamten hatten ihr immer wieder Steine in den Weg gelegt: Das könne eine Frau nicht und wenn sie ihr eine Lizenz gäben, würden alle Frauen eine haben wollen. Doch Moghimi gab nicht auf und überzeugte die Beamten schließlich. 1983 konnte sie dann endlich loslegen.

Ihre Hartnäckigkeit und ihr Biss haben sie schließlich zum Erfolg geführt. Auch der glänzende Charme in ihren Augen hat wohl dazu beigetragen, den Widerstand, den die Männer ihr anfangs entgegenbrachten, zu brechen. Immer wieder wurden Moghimi Hindernisse in den Weg gelegt, doch sie ließ nicht locker. Sie fing an, Kunden zu akquirieren und Lastwagenchauffeure zu gewinnen, die einem von einer Frau geführten Unternehmen vertrauten. Relativ schnell hatte sie im ersten Jahr mehr als 200 Fahrer unter Vertrag. Alles selbstständige Kleinunternehmer, die im Auftrag der Firma unterwegs sind.

Vor allem hängt ihr Geschäft von der guten Zusammenarbeit mit den Mitarbeitern ab. So kümmert sich die Chefin auch um private Angelegenheiten ihrer Lastwagenfahrer. Schließlich sind die manchmal wochen- oder gar monatelang unterwegs. Da müsse sie die Gewissheit haben, dass es deren Familien zu Hause gut geht. In Notfällen kümmert sie sich auch um die Frauen. Ist zum Beispiel eins der Kinder mal krank und muss zum Arzt, rufen sie die Chefin an. Sie sorgt dann dafür, dass Hilfe kommt. Als Frau hat sie auch immer eine gute Beziehung zu den Familien der Fahrer. Denn die Leute hätten weniger Mühe, mit einer Frau über persönliche Probleme zu sprechen als mit einem Mann.

Moghimi kennt alle ihre Fahrer mit Vornamen, darauf ist sie sehr stolz. Alle paar Monate kommen sie zu einer großen Konferenz zusammen, wo jeder seine Wünsche und Probleme mitteilen kann. Einmal im Jahr führt sie mit den Mitarbeitern Einzelgespräche. Um deren Probleme zu verstehen, machte sie sogar ihren Führerschein für Lastwagen. Der Prüfer ließ sie allerdings die Prüfstrecke dreimal fahren, bis sie endlich ihre Lizenz erhielt.

Ihre Welt ist eine Männerwelt. „Was zählt, sind Wissen und Verstand", sagt Moghimi. Die 59-Jährige soll zu den reichsten Frauen Irans gehören. Und sie spürt die Aufbruchsstimmung in ihrem Land, seit die Sanktionen gefallen sind. „Ich freue mich darüber, dass Iran wieder in einem anderen Licht gesehen wird. Als die Türen verschlossen waren, wusste die Welt nicht viel von uns. Von der Ferne hat man uns viel Negatives angedichtet, was so nicht stimmt. Die

Delegationen, die jetzt kommen, sind verwundert darüber, dass die Kultur des Iran, die Wirtschaft, die gesellschaftliche Situation, ganz anders sind, als sie dachten", erzählt sie.

Ein neues Selbstbewusstsein macht sich breit in Teheran und längst hat das Kräftemessen in der Region begonnen.

Die Schnäppchenjägerin

Die zierliche Frau mit Hornbrille war gerade erst Anfang zwanzig, als sie „Meydoonak" gründete, einen Online-Supermarkt für Lebensmittel. Begonnen hatte alles in der Teheraner Wohnung ihrer Eltern. Ihr kleines Zimmer diente als Büro. Mit ihrem Laptop auf dem Schoß bediente sie ihre Kunden. Sie wollte klein starten, doch die Idee war zu gut. An manchen Tagen konnte sie sich vor Aufträgen kaum retten, alle paar Minuten kam eine neue Bestellung rein. Die Kunden orderten bei ihr online Reis, Zucker, Mehl, Tee, Süßigkeiten oder Rosenwasser. Gleich zu Beginn hatte sie schon an die 5000 Kunden. Und daran scheiterte Nazanin Daneshvar. Es war einfach nicht zu schaffen, es fehlte Geld, es fehlten Leute, sie musste aufgeben. Kurz danach schickte ihr Vater sie nach Berlin, um sich auf dem Gebiet der Softwareentwicklung fortzubilden. Sie lernte das Gutschein-Geschäftsmodell kennen, ein bis dato noch völlig unbekanntes Terrain auf iranischem Boden. Doch Daneshvar bekam Sehnsucht nach ihrer Familie und kehrte nach Iran zurück – zusammen mit ihrem deutschen Ehemann. Inzwischen betreibt sie erfolgreich eine neue Internetfirma: Takhfifan.com. Ihr Büro liegt mitten im Zentrum von Teheran. „Takhfifan" bedeutet sozusagen „Rabatt". Die Seite ist ein Schnäppchenmarkt, auf dem die Kunden täglich zwischen preisgünstigen Angeboten wählen können, beispielsweise günstige Kleidung, Theater- oder Konzertkarten, Computer oder Kosmetikprodukte.

Mehr als hundert Frauen und Männer arbeiten hier. Es sind Daneshvars Angestellte. Täglich gehen mehrere Tausend Bestellungen bei Takhfifan ein. Etwa 70 Prozent der Iraner sind jünger als 30 Jahre. Es scheint, als gehöre ihnen die Zukunft in dem Land, wo noch immer die Mullahs herrschen. Das Internet zeigt ihnen die Welt da draußen. Viele wollen so leben, wie sie es aus dem Netz kennen. Sie wollen online Bestellungen aufgeben für Pizza, Klamotten oder Möbel oder sich im Internet gar ihren Ehemann aussuchen.

Ihren Erfolg hat die Chefin von Takhfifan unter anderem auch ihrem Vater zu verdanken. Schon früh brachte er seinen zwei Töchtern Pünktlichkeit, Disziplin und technisches Verständnis bei. Das liegt wohl auch ein Stück weit daran, weil er sich immer einen Sohn gewünscht hat. So lernte die Unternehmerin schon als Kind, wie man einen Autoreifen wechselt und wie man selbstbewusst auftritt. Die Erziehung hat sie zu dem gemacht, was sie heute ist. Sie studierte Ingenieurswissenschaften. Seitdem setzte sie alles durch, was sie sich in den Kopf gesetzt hatte, und machte alles anders als alle anderen.

Als beispielsweise Exiliraner aus dem Westen zurück in ihre Heimat kehrten, voller Hoffnung, das Land würde sich nun mit dem neuen Präsidenten Mohammad Chatami wieder öffnen, verließ sie Teheran, um in Berlin Informatik zu studieren. Einige Jahre später verließen viele, die es konnten, Iran. Präsident Mahmud Ahmadinedschad, ein erklärter Hardliner, kam an die Macht und knüppelte jegliche Demokratiebewegung nieder. Daneshvar aber kehrte zurück in ihre Heimat. Sie hatte im Ausland viel gelernt – genug, um ein erfolgreiches Unternehmen aufzubauen.

Die Repräsentantin

Das Büro liegt in der Nähe der Bukharest-Straße im Zentrum des Teheraner Geschäftsviertels, im 8. Stock. Der Eingangsbereich ist mit Marmor gefliest, alles wirkt sehr edel und hell. Mit dem Fahrstuhl geht es hoch. Gleich am Eingang nimmt mir eine Mitarbeiterin Mantel und Kopftuch ab. „Hier sind wir unter uns", sagt sie, „keiner muss hier oben die Kleidervorschriften beachten und die Haare bedecken." Ich bin froh darüber, denn es ist sehr warm und ungewöhnlich schwül an diesem Tag.

Da kommt sie auch schon um die Ecke: Kamelia Karimi, die seit Anfang 2017 das niedersächsische Repräsentationsbüro in der Außenhandelskammer von Teheran leitet. Ihre rotblond gefärbten Haare trägt sie offen, ohne Kopfbedeckung. Ihre weißen Zähne strahlen, wenn sie lacht. Sie trägt roten Lippenstift, ihre dunklen Augen sind mit schwarzem Kajal umrandet, die Wimpern schwarz getuscht. Vor mir steht eine selbstbewusste Frau, die weiß, was sie will. Sie begrüßt mich auf Deutsch. Auf die Frage, wo sie die Sprache gelernt hat, antwortet sie: „Ich habe Deutsch schon mit 14 Jahren in Deutschland gelernt. Damals herrschte Krieg und meine Eltern haben mich und meine Geschwister nach Deutschland geschickt. Das war eine sehr interessante Erfahrung für mich. Nach 15 Monaten bin ich jedoch nach Iran zurückgekehrt, denn der Krieg war vorbei."

„Wie ging es dann im Iran für Sie weiter?", möchte ich wissen. „Nach meinem Magister-Studienabschluss habe ich acht Jahre lang in der Visaabteilung der österreichischen Botschaft in Teheran gearbeitet und suchte dann eine neue Erfahrung. Ich war von 2008 bis 2015 als Assistentin der Geschäftsführung der AHK in Teheran tätig. Zwar war es anfangs nicht meine Wunscharbeit, aber ich ließ mich nicht einschüchtern und hatte viele Ideen im Kopf, die ich mit der Unterstützung des Geschäftsführers durchsetzen durfte. Wir haben zum Beispiel Wirtschaftsjunioren im Iran ausfindig gemacht, denn wir reden hier immer über die junge Bevölkerung, aber leider sind die jungen Leute nicht sehr aktiv im privaten Sektor – zumindest hat man in der Kammer nicht viel davon mitbekommen. Deshalb sind wir auf die Idee gekommen, uns intensiver mit diesem Thema zu beschäftigen. Im Oktober 2014 war es dann so weit und wir haben unsere erste Versammlung der Wirtschaftsjunioren im Iran organisiert. Daran haben auch junge Frauen teilgenommen, die Geschäftsführerinnen waren oder ihre eigene private Organisation hatten."

„Wie ist die Idee entstanden, sich näher um Kontakte zu iranischen Geschäftsfrauen zu bemühen?", lautet meine nächste Frage. „Seit 2015, nach dem ‚Implementation Day', betreut die Kammer viele Delegationen aus verschiedenen deutschen Bundesländern. Einige Delegationsmitglieder äußerten den Wunsch, eine Sitzung mit iranischen Geschäftsfrauen zu organisieren. Ich fand diese Idee sehr gut, denn so würde die Möglichkeit bestehen, iranische Geschäftsfrauen vorzustellen und damit ein anderes Bild zu präsentieren, als in den Medien dargestellt wird."

„Wie sieht denn die Rolle der Frau im Iran aus?" – „Es gibt zwei Gruppen von iranischen Frauen. Die einen bleiben lieber zu Hause, aber die sind eher in der Minderheit. Aus finanziellen Gründen müssen die Frauen in der Gesellschaft auch aktiv werden. Also wenn man in eine Firma geht, dann sieht man viele Frauen, die als Angestellte arbeiten, die haben verschiedene Positionen. Aber andererseits sieht man auch erfolgreiche Frauen, die wirklich ihre Meinung durchsetzen und zeigen möchten, dass sie erfolgreich sein können." Die

Frauen seien sehr selbstständig, verwalteten ihr eigenes Vermögen und oftmals gleich die gesamten Familienfinanzen. Sie könnten gut organisieren, seien strebsam und diszipliniert. „An den Universitäten gibt es eine Frauenquote von 65 Prozent", antwortet Karimi.

„Und wie ging es dann weiter?" – „Als ich Leiterin des niedersächsischen Repräsentationsbüros wurde, war ich entschlossen, eine Brücke zwischen iranischen und deutschen Geschäftsfrauen zu bauen. Also habe ich eine Delegationsreise iranischer Geschäftsfrauen nach Niedersachsen vorgeschlagen. Dieser Vorschlag wurde vom niedersächsischen Wirtschaftsministerium sofort begrüßt."

Die erste Delegationsreise iranischer Geschäftsfrauen nach Niedersachsen ist übrigens für Herbst 2017 geplant.

Der Niedersächsische Wirtschaftsminister Olaf Lies eröffnet ein Repräsentationsbüro in Teheran

Die Weltraumtouristin

Schon als Kind schaute Anousheh Ansari in ihrem Heimatland Iran immer wieder sehnsüchtig hinauf in den Sternenhimmel. Sie war vom Weltraum fasziniert und bereits damals schlummerte in ihr der Traum, einmal ins All fliegen zu können. Doch bis dahin vergingen erst einmal ein paar Jahre.

Ihre Kindheit verbrachte Ansari in Teheran, in einem wohlbehüteten Elternhaus. Sie machte ihr Abitur und wollte studieren. Doch weil 1979 der Schah gestürzt wurde und die Islamische Revolution begann, konnte sie keine naturwissenschaftlichen Fächer im Iran studieren. Die Universitäten waren während der Revolution für zwei Jahre geschlossen. Mit der Erlaubnis ihrer Eltern verließ sie ihre Heimat und zog zu ihrer Tante nach Virginia in den USA. Dort studierte sie Informatik und Elektrotechnik. Schnell machte Ansari sowohl an der Universität wie auch in der Wirtschaft Karriere. Sie gründete die Internetfirma Telecom Technologies, war nach einigen Jahren sehr erfolgreich und hatte immer den richtigen Riecher: Mitten im Börsenboom verkaufte Ansari ihr Unternehmen und war mit einem Schlag um 750 Millionen Dollar reicher. Ihr Traum, ins Weltall zu fliegen, rückte immer näher. Sie kaufte sich von ihrem Erlös, als erste Frau nach drei Männern, ein Touristenticket für die ISS für 20 Millionen Dollar (knapp 16 Millionen Euro). Am 18. September 2006 war es dann endlich so weit: Die damals 40-Jährige flog – zusammen mit ihren männlichen Begleitern Michael Lopez-Alegria und Michail Tjurin – vom russischen Weltraumbahnhof Baikonur in Kasachstan ins All. Als sich die Luke der russischen Sojus-Kapsel um 10.34 Uhr MESZ öffnete, schwebte die US-Unternehmerin Anousheh Ansari als Erste in die ISS – ihre „Kollegen" hatten der ersten Weltraumtouristin den Vortritt gelassen. Endlich konnte sie nach den Sternen greifen. Nach dem Eintreffen der Raumfahrer in der Station durfte als Erster Ansaris Ehemann Hamid seiner Frau per Videoverbindung gratulieren. „Glückwunsch zum Start und zum erfolgreichen Andocken! Anousheh, die ganze Welt schaut auf dich", sagte er.

Nicht nur in den USA, sondern auch in ihrem Heimatland Iran löste ihr Raumflug Begeisterung aus. Hunderte Iraner beglückwünschten sie auf ihrer Internetseite zu ihrem kosmischen Abenteuer: „Ich wollte nur sagen, wie stolz ich bin, dass eine Iranerin so weit gekommen ist", schrieb eine Landsfrau Ansari ins Tagebuch. „Wir sind stolz auf dich. Jeder Moment deines Fluges ist atemberaubend", schrieben iranische Fans im Internet. Auf ihrem Raumanzug trug Ansari die Flaggen ihrer verfeindeten Heimatländer Iran und USA.

Nach acht Tagen kehrte die All-Touristin zur Erde zurück. Ihre beiden Begleiter blieben an Bord. Seit 1984 lebt die heute 51-Jährige in den USA. Dort hat die Multimillionärin – zusammen mit ihrem Ehemann Hamid Ansari und ihrem Schwager Amir – mehrere erfolgreiche Unternehmen gegründet. Unter anderem gehört sie zu den Stiftern des mit zehn Millionen Dollar dotierten Preises für den ersten privat finanzierten Raumflug, der schließlich mit dem „SpaceShipOne" gelang.

Die Spitzen-Mathematikerin

Ihr Werdegang klingt fast wie ein Traum: Mirzakhani wird 1977 in Teheran geboren. In ihrer Geburtsstadt besucht sie eine Mädchenschule für begabte Schülerinnen. Eigentlich wollte sie Schriftstellerin werden, doch schon als Schülerin erkennt sie ihr mathematisches Talent. Mitte der 1990er-Jahre fällt sie bei internationalen Mathe-Olympiaden auf – sie gewinnt drei Goldmedaillen.

Im Jahr 2014 erhält Mirzakhani – als erste und bisher einzige Frau – die renommierte Fields-Medaille. Sie wird alle vier Jahre an Forscher für „herausragende mathematische Leistungen" verliehen. „Es macht Spaß. Es ist wie das Lösen eines Puzzles oder das Zusammensetzen eines Mosaiks in einem Detektivfall", erklärte die Iranerin in einem Zeitungsinterview ihre Leidenschaft für Mathematik, als sie die Fields-Medaille erhalten hatte. Die Medaille wird oft als Nobelpreis für Mathematik bezeichnet, auch wenn die Dotierung mit 15.000 Kanadischen Dollar (gut 10.000 Euro) weit unter jener der Nobelpreise liegt.

Auf der Pressekonferenz nach der Verleihung der Fields-Medaille fragte jemand, wann endlich mehr Frauen in die Riege der Top-Mathematiker aufrückten. „Das braucht Zeit", antwortete Mirzakhani. Es gebe immer mehr Studentinnen und immer weniger Vorurteile, mit denen Mädchen und Frauen zu kämpfen hätten. Letztlich brauche man vor allem Geduld. „Ich bin mir sicher, dass immer mehr Frauen bis an die Spitze kommen werden."

Das britische Fachblatt „Nature" führte sie damals auf seiner Liste der zehn wichtigsten Forscher des Jahres auf. Sie studierte später an der renommierten US-Universität Harvard und lehrte in Princeton, bevor sie 2008 nach Stanford wechselte. Dort lebte sie zusammen mit ihrem Mann, dem Stanford-Mathematiker Jan Vondrak, und ihrer dreijährigen Tochter Anahita. 2009 wurde Mirzakhani für ihre Forschungsleistungen mit dem Blumenthal Award ausgezeichnet und 2013 erhielt sie den Satter-Preis der Amerikanischen Mathematischen Gesellschaft.

Am 15. Juli 2017 starb Maryam Mirzakhani nach langer Krankheit an Krebs. Die iranische Presse überschüttet sie mit Lobeshymnen. Zeilen wie „Unser wissenschaftliches Juwel ist fort", „Die Königin der Zahlen ist tot" oder „Ein Licht geht aus und es wird dunkel" sind zu lesen. In den sozialen Medien kommentieren Tausende Iraner ihren Tod. Sie wird als „Stolz der Nation" bezeichnet. In ihrem Heimatland wurde Mirzakhani als Forscherin verehrt und bejubelt, doch ihr Tod löste eine Debatte aus, die mit Mathematik nichts zu tun hat, sondern vom konservativ islamischen Frauenbild geprägt ist. Die Chefredakteure verschiedener iranischer Zeitungen stellten sich die Frage: „Mit welchem Foto soll die Forscherin auf die Titelseite kommen: mit dem für alle Frauen obligatorischen Kopftuch oder ohne?" Auf vorherigen Aufnahmen war die Professorin stets ohne zu sehen. Als die Zeitungen über ihren Tod berichteten, wagten es nur wenige, sie ohne Kopftuch abzulichten. Auch die reformorientierten und liberalen Blätter gingen kein Risiko ein und nahmen beispielsweise ein Foto mit Hut. Einige Zeitungen tricksten auch und druckten Zeichnungen von Mirzakhani, auf denen nicht ganz deutlich zu sehen war, ob sie nun mit oder ohne Kopftuch abgebildet war.

Die Luftfahrtchefin

Frauen sind in der Luftfahrt sehr präsent: Sie checken Passagiere ein, servieren ihnen an Bord Essen und Getränke, reparieren Flugzeuge und sitzen zum Glück auch immer öfter am Steuerknüppel. Doch an einem Ort sind sie kaum anzutreffen: Die Chefposten der Fluggesellschaften bleiben fest in Männerhand. Nicht so im Iran, denn dort wurde Farzaneh Sharafbafi Mitte Juli 2017 der Hut bei Iran Air aufgesetzt. Sie löst damit ihren Vorgänger Farhad Parwaresch ab, der zur internationalen Zivilluftfahrtorganisation ICAO wechselt. Damit wird sie die weltweit erste Chefin einer großen staatlichen Fluggesellschaft und „beschämt damit die meisten westlichen Industrienationen", wie eine Tageszeitung kommentierte. Der im Mai 2017 wiedergewählte Präsident Rohani hat schon an anderen Stellen Frauen gegen die Tradition Führungspositionen offeriert – und damit auch im Ausland für Aufsehen gesorgt.

Die 44-Jährige war die erste Luftfahrtingenieurin ihres Landes und kämpfte gegen viele Widrigkeiten. Sharafbafi selbst sagte in einem Interview, dass sie sich in ihrem von Männern dominierten Job immer wieder durchsetzen musste. Sie sei aber stolz, dass sie in ihrem Leben als muslimische Frau erfolgreich viele Tabus gebrochen habe, sagte die Ehefrau und Mutter.

Lange Zeit bevor sie auf den Chefsessel gesetzt wurde, war sie bei Iran Air als Ausbildungschefin beschäftigt. Allerdings war das bisher nicht ihr einziger Job. Sie leitete auch die Ausbildung bei der iranischen Zivilluftfahrtbehörde, war Expertin bei Streitigkeiten zwischen Fluglinien und war ganz nebenbei noch Dozentin an der Amir Kabir University of Technology und der Shahid Sattari University of Aeronautical Engineering.

Schon in ihrer Kindheit interessierte sich die Frau mit Doktortitel für Technik. „Ich konnte alle Geräte zu Hause reparieren", erzählte Sharafbafi einmal dem Wochenmagazin Zan-e Rooz. Ihre Familie habe sie dabei immer unterstützt. Bald habe sie jeder auch nur noch „die Ingenieurin" genannt. Ihr Vater war Physikprofessor und förderte das Interesse der Tochter an den Wissenschaften umso mehr.

An der Uni hatte sie es aber nicht immer leicht. Eine Frau, die Luftfahrttechnik studierte, war eher ungewöhnlich und passte so gar nicht ins iranische Gesellschaftsbild. Zudem wurde Sharafbafi während ihres Studiums Mutter, aber sie machte trotzdem weiter.

Als sie ihr Doktoratsstudium begann, war sie erneut schwanger und erwartete ihr zweites Kind. „An meinem ersten Tag kam ich zu spät", erzählte sie Zan-e Rooz. Ihr Professor habe sie gefragt, weshalb sie zu spät gekommen sei. „Ich habe schließlich ein Kind zur Welt gebracht", so Sharafbafi zum verdutzten Professor.

Ihre Dissertation handelt von Ermüdungsbrüchen bei Flugzeugteilen. Doch Sharafbafis Welt besteht nicht nur aus Technik. Nebenher schreibt sie Romane und Gedichte.

Nun steht die promovierte Luft- und Raumfahrtingenieurin Sharafbafi vor einem riesigen Berg neuer Aufgaben: Die Airline muss ihre Flotte modernisieren, nachdem die Sanktionen seit 2015 gelockert sind. Sie hat bereits Milliardengeschäfte mit Boeing und Airbus über den Kauf neuer Flugzeuge unterzeichnet.

Da auch in anderen Branchen Aufbruchstimmung herrscht, dürfte der Flugverkehr mit Iran stark zunehmen. Sharafbafi muss jetzt dafür sorgen, dass Iran Air davon den „größten Kuchen" abbekommt.

Die Schachspielerinnen

Die Lage der Frauen im Iran hat sich in letzter Zeit zwar verbessert, dennoch sind sie gesetzlich nicht gleichgestellt. Umso kurioser ist, dass vom 10. Februar bis 5. März 2017 in Teheran die Schachweltmeisterschaft für Frauen stattgefunden hat. Verantwortliche und die Teilnehmerinnen erhofften sich dadurch eine Signalwirkung und eine weitere Entwicklung hin zu Gleichberechtigung und Offenheit.

Doch schon Monate vorher sorgte die Schachweltmeisterschaft im Iran für Aufregung. Denn alle Teilnehmerinnen waren gezwungen, ein Kopftuch zu tragen. Nicht alle Starterinnen wollten sich dieser Pflicht unterwerfen, es gab bereits im Vorfeld Absagen. Auch aus politischen Gründen haben einige qualifizierte Spielerinnen nicht teilgenommen, etwa wegen der Spannungen zwischen Iran, den USA und Israel.

In einem Interview des Radiosenders Deutschlandradio Kultur äußerte sich die 19-jährige Sarasadat Khademalsharieh, die zu den 40 besten Schachspielerinnen der Welt gehört: „Das Leben im Iran ist viel besser, als es anderswo in den Medien dargestellt wird. Für mich ist das Tragen eines Kopftuchs ganz normal. Und beim Schach, wo man sich sowieso kaum bewegt, behindert es auch nicht wie bei anderen Sportarten."

Iran ist ein Land mit großer Schachtradition. Es wird vermutet, dass der Ursprung des Schachspiels im sechsten Jahrhundert in

Persien liegt. Fortan gilt es als das Spiel der Könige, des Schahs. Diese lange Tradition wird 1979 durch die Islamische Revolution unterbrochen. Das Schachspiel wird bis 1988 für alle Iraner verboten. Nach der Aufhebung des Verbots erlebte Zug um Zug eine Renaissance, vor allem bei den Frauen. Für ein Land, dem die Außendarstellung wichtig ist, und das immer wieder versucht zu zeigen, dass es sich öffnet, ist solch eine WM eine Möglichkeit, sich international so zu präsentieren, wie man das gerne möchte, auch in Bezug auf Frauenrechte. „Es ist uns sehr wichtig, dass die Frauenschach-WM im Iran stattfindet, weil wir hier sehr viel Wert legen auf Sport für Frauen. Das System will das so. Manchmal wirkt es anders, aber mit dieser Investition können wir zeigen, wie wichtig uns das ist", sagte der Präsident des iranischen Schachverbandes Mehrdad Pahlevanzadeh in einem ARD-Fernsehinterview.

Schachmatt heißt auf Farsi übrigens „Der Schah ist tot". Das Spiel der Könige aber lebt im Iran weiter, wenn auch unter schwierigen politischen Umständen.

Deutsche Frauen: Liebe im Iran

Ich heirate einen Iraner ...

Rosen, Hyazinthen und Rhododendren blühen rot, gelb und zart-rosa. In der Mitte steht ein Swimmingpool. Es ist Freitag – der ira-nische Sonntag – und ich bin auf einer Gartenparty bei Freunden eingeladen. Sie besitzen ein großes Haus im Norden von Teheran. Überall im Garten stehen Tische mit weißen Decken und Stühle mit Hussen. Daneben ist ein Buffet mit schätzungsweise 50 Kuchen aufgebaut. Iraner lieben es feudal und übertrieben. Es darf auf kei-nen Fall zu wenig sein, denn essen ist ihre Lieblingsbeschäftigung. Außerdem könnte ja noch jemand spontan vorbeikommen oder einige Gäste bringen noch jemanden mit. Nichts wäre peinlicher, als wenn das Buffet nicht reichen würde. Ich sitze an einem der Tische und komme ins Gespräch mit den anderen Gästen. Neben mir sitzt eine ältere Dame. Ich schätze sie so auf Anfang 80. Ihre graublonden Haare sind elegant hochgesteckt, sie hat ganz feine Gesichtszüge, fast zerbrechlich sieht sie aus, aber glücklich. Ihre blauen Augen strahlen. Es fällt gleich auf, dass sie Deutsche ist. Sie trägt einen Hosenanzug, darüber einen dünnen, langen Mantel, ihr Kopftuch hat sie über die Schultern gelegt, denn im privaten Bereich können die Frauen ihre Kopfbedeckung ablegen. „Ich habe mich im Laufe der Jahre an das Kopftuch gewöhnt, es stört mich nicht mehr. Wenn ich rausgehe, achte ich immer darauf, dass es richtig sitzt", erzählt Marianne.

Sie lernte ihren Mann Hussein Ende der 50er-Jahre beim Studium kennen und lieben. Sie heirateten und Marianne folgte ihrem Ehemann in dessen Heimatland. In den 50er- und 60er-Jahren kamen viele Iraner nach Deutschland, um zu studieren. Besonders nach dem persisch-britischen Ölkonflikt von 1953 kamen sie in Scharen, meist aus wohlhabenden Familien. Denn nur sie konnten es sich leisten, ihre Söhne ins Ausland zu schicken. So kam es auch, dass manche sich verliebten. Als die Hochzeitsglocken geklingelt hatten, blieben einige von ihnen in Deutschland, so wie mein Vater, andere kehrten mit ihrer deutschen Ehefrau zurück in ihre Heimat Iran.

„Am Anfang war es nicht immer einfach für mich, weil die Kulturen doch sehr unterschiedlich sind", erinnert sich Marianne. „Aber die Familie meines Mannes war zum Glück damals schon dem Westen gegenüber sehr aufgeschlossen und sie ist es auch heute noch. Viele von ihnen haben in Europa studiert oder gearbeitet. Ich konnte zwar kein Farsi sprechen, aber trotzdem hatte ich nie Probleme, weil ich mich anfangs auf Englisch oder Französisch unterhalten konnte." Doch mittlerweile spricht Marianne die landesübliche Sprache Farsi perfekt. Immerhin lebt sie seit 57 Jahren in Teheran. In den ersten Jahren kümmerte sie sich um ihre zwei Söhne und ihre Tochter ganz alleine, ohne Kindermädchen und ohne Schwiegermutter. Das ist normalerweise in den reichen iranischen Familien nicht üblich. Meine Mutter erzählt noch heute gerne die Geschichte, als unsere Verwandtschaft aus Iran mal wieder zu Besuch war und mit Erstaunen feststellte, dass meine Mutter mich und meine beiden Brüder ohne Haushaltshilfe erzog. Für meine Tanten war das überhaupt nicht nachvollziehbar. Kaum waren sie wieder zurückgeflogen, schickten sie fortan in regelmäßigen Abständen einen Scheck nach Deutschland. Meine Mutter sollte für das Geld eine Tagesmutter einstellen. Doch sie dachte nicht im Traum daran. Sie kaufte sich lieber ihr Lieblingsgeschirr, welches heute noch in ihrem Schrank steht.

Auch für Marianne kam eine Hausangestellte nicht infrage, obwohl sie am Anfang nicht viel rauskam, weil sie rund um die Uhr beschäftigt war. „Aber nach und nach, als die Kinder größer wurden, habe ich mir gewisse Freiräume geschaffen. Ich bin dann in die Stadt gefahren und als Erstes habe ich ein damals deutsches Kaufhaus aufgesucht, mit deutschen Waren, und das war für mich natürlich sehr interessant, alles mehr oder weniger so vorzufinden, wie ich es in Deutschland eben auch vorgefunden habe", erzählt Marianne freudestrahlend.

Die deutschen Kaufhäuser gibt es zwar inzwischen nicht mehr, aber dafür bekommt man einige westliche Produkte wie Kinderschokolade, Nutella oder Waschmittel wie Ariel oder Pril, sogar einen Tchibo-Laden habe ich bei einer meiner letzten Shoppingtouren entdeckt. Nur muss man genau aufpassen, denn manche Produkte sind keine Originale, sondern in der Türkei oder China nachgemacht.

Obwohl sich Marianne inzwischen im Iran sehr wohlfühlt, bekommt sie manchmal Heimweh. Deshalb fliegt sie einmal im Jahr in ihr Geburtsland. „Das ist für mich das Kontrastprogramm. Wenn ich in Deutschland bin, kann ich von Iran erzählen und wenn ich wieder hier bin, kann ich von Deutschland erzählen. Auch meine iranischen Bekannten und Freunde, die ich nun mal habe, die sind immer sehr interessiert zu wissen, wie man in Deutschland lebt und wie der ganze Tagesablauf und dergleichen ist." Bis heute hat sie es nicht bereut, damals ihrem Mann nach Iran gefolgt zu sein. Inzwischen fühlt sie sich sehr wohl und lebt zwischen beiden Kulturen. Auch ihre Kinder hat sie zweisprachig erzogen und jedes Jahr werden sogar zu Weihnachten Geschenke gekauft. „Egal, in welches Geschäft ich gehe, oder wenn ich zu Besuch bin – immer wieder werde ich gefragt, was ich so schön am Iran finde oder weshalb ich hier geblieben bin. Was ist der Grund, was ist der Anlass?" – Vielleicht die Höflichkeit und Gastfreundschaft der Iraner", sagt sie schmunzelnd.

Trotz der strengen Regeln fühlt sie sich nicht eingeschränkt. In ihrer Freizeit trifft sie sich gerne mit Freunden oder der Familie. Im Iran steht die Familie im Mittelpunkt des Lebens. Vielen Iranern ist Zweisamkeit oder Alleinsein fremd. Normalerweise treffen sich Menschen verschiedener Generationen und plaudern gemeinsam über Gott und die Welt. Am Wochenende fährt Marianne mit ihrem

Mann oft ins Gartenhaus und schaut nach dem Rechten. „Da kann ich mal so richtig abschalten. Dann kümmere ich mich um die Tiere und wir genießen zusammen die frische Luft, weil es in Teheran ja so oft Smog gibt. Es ist sehr schön, weil auch die ganze Familie zusammen ist. Unsere Tochter kommt mit ihrem Mann und den Kindern zu uns und wir essen gemeinsam", erzählt sie ganz begeistert. „Ich grabe im Garten auch um und versuche Sachen anzupflanzen, die wir auch aus Deutschland kennen wie Johanniskraut oder dergleichen. Manches funktioniert gut, manches gar nicht. Mein Mann ist jetzt auch pensioniert und wir machen uns eben ein schönes Leben, so gut wir noch können."

Während Marianne so erzählt, spüre ich förmlich ihre Leidenschaft für meine „zweite Heimat". Ja, es ist schon so, auch wenn es eine rote Linie gibt, die nicht überschritten werden darf, und auch wenn Frauen weniger Rechte haben und die Sittenwächter auf den Straßen präsent sind – mal mehr, mal weniger – Iran ist ein wunderbares Land. Mittlerweile ist Marianne sogar etwas iranisch geworden und ihr Mann liebt europäische Komponisten. Meist hören sie Musik in ihrem Gartenhaus. „Mein Mann hört ausschließlich klassische Musik." Marianne lacht. „Er ist ein Fan von Mozart, Beethoven, Tschaikowski und Chopin. Von Anfang an, schon als junger Student. Im Herbst mal ein schönes Konzert hören, das ist das Einzige, was ich vermisse. Bücher bringe ich mir immer aus Deutschland mit und wir haben Satellitenfernsehen, so kann ich auch deutsche Nachrichten sehen."

Einmal die Woche geht sie im Supermarkt einkaufen oder in eines der riesigen Einkaufszentren von Teheran. Dort gibt es alles, was das Herz begehrt. Und kaum zu glauben, aber sie sind teilweise größer und moderner als in Deutschland. „Sehr elegant eingerichtet", schwärmt Marianne. „Die europäische Kleidung ist natürlich dann entsprechend teuer. Dann gibt es noch die Damenbekleidung aus der Türkei, die ist nicht so schön. Also, die ist qualitativ nicht so gut, die ist natürlich etwas billiger. Es gibt hier alles, was man sich nur vorstellen kann, nur vielleicht in etwas abgeänderter Qualität."

Besonders praktisch findet Marianne die Bestelltaxis. Da sie kein Auto fährt, ist das sehr angenehm und sicher. „Also ich habe absolut ein Gefühl der Sicherheit hier. Ich greife auf eine Taxiagentur zurück. Also ich stehe nicht an der Straße und halte eines von den Taxis an, das mache ich nicht. Die Taxiagenturen sind eine absolut sichere Institution." Früher hat Marianne bei einer deutschen Firma in Teheran als Sekretärin gearbeitet. Wer keinen Job hat, hat es schwer im Iran. „Viele haben nicht mal eine Krankenversicherung. Aber die ärztliche Versorgung ist gut. Es gibt die landesüblich gestellten Medikamente, die mehr als billig sind. Also, das sind wirklich Cent-Beträge. Aber wenn man ausländische Medikamente verschrieben bekommt, dann wird die Sache teuer."

Obwohl viele ihrer Freunde Iran während der Revolution verlassen haben, ist sie trotz aller Schwierigkeiten geblieben. Bis heute hat sie ihren Schritt nicht bereut. „Ich gehöre einfach nach all den vielen, vielen Jahrzehnten an die Seite meines Mannes. Meine Kinder haben ihren Weg gemacht und sie sind erfolgreich. Die Söhne sind in Deutschland geblieben, als sie das Studium beendet hatten, und meine Tochter hat hier geheiratet", erzählt Marianne und verabschiedet sich mit einem Lächeln.

Knapp 20 Jahre später, nachdem Marianne nach Iran gegangen war, änderte sich die Welt im Jahre 1979 radikal. Damals, als der geistliche Führer Ayatollah Khomeini die Islamische Revolution ins Land brachte und den Schah vom Pfauenthron stürzte. Das Volk jubelte, denn es wollte die Verwestlichung, die das Staatsoberhaupt ihnen aufgezwungen hatte, nicht mehr hinnehmen. Und es jubelte noch mehr, als Khomeini schließlich nach Teheran zurückkehrte. Er verordnete dem Land harte islamische Disziplin, kappte jeden ausländischen Einfluss und auch die 444-tägige Geiselhaft von 52 Amerikanern ging auf sein Konto. Tausende von Iranern wurden gefoltert und getötet. 1980 kam es dann zum Krieg, der vom Irak losgetreten wurde. Er dauerte acht lange Jahre, kostete Hunderttausende das Leben und machte mehr als zwei Millionen Menschen zu Flüchtlingen. Der Krieg sollte Khomeinis Herrschaft stabilisieren.

Auf der Party treffe ich auch Karin Zadeh. Sie lebt seit fast 40 Jahren im Iran und erlebte die Anfänge der Revolution damals hautnah mit. Sie ging mit ihrem Mann nach Teheran, kurz nachdem der Schah vom Pfauenthron gestürzt wurde und der Revolutionsführer Ayatollah Khomeini an die Macht kam. „Eines Morgens rief meine Freundin an: ‚Du, hör mal zu, du nimmst dir jetzt ein Taxi, fährst in ein Geschäft, kaufst dir einen Mantel und ein Kopftuch und ziehst beides an. Seit heute sind überall Sittenwächter unterwegs und sammeln die Frauen ein, die kein Kopftuch tragen‘“, berichtet Karin mit aufgeregter Stimme. Bis heute hat sie nicht bereut, geblieben zu sein. „Ich meine, ich bin guter, alter Landadel und wir haben gelernt, auch in der größten Schwierigkeit durchzukommen. Nach der Revolution gab es dies und jenes und welches nicht mehr. Andere sind gescheitert, die haben es nicht mehr ausgehalten. Ich habe wirklich nie Schwierigkeiten gehabt, überhaupt nicht.“

Khomeinis vollmundiges Versprechen, dass sich im Iran alles zum Guten wenden würde, erfüllte sich nicht. Als 1997 Mohammad Chatami zum fünften Präsidenten gewählt wurde, liberalisierte sich die Lage im Land. Doch einige Jahre später, 2005, kam Ahmadinedschad als sechster Präsident der Islamischen Republik Iran an die Macht. Er ging auf Konfrontationskurs mit dem Westen, die Gesetze wurden härter, die Sittenpolizei gewann an Einfluss.

Doch Karin hält sich an die Regeln und hat somit bisher noch keine Probleme bekommen. In ihrer Freizeit trifft sie sich gerne mit Freunden oder der Familie. „Wir haben ein Haus am Kaspischen Meer, da sind wir oft, im Sommer manchmal drei Monate. Da wohnen auch ein paar Deutsche. Wir besuchen uns dann gegenseitig. Wir spielen zusammen, unterhalten uns oder gehen zusammen essen. Oder ich gehe mit meinen Freundinnen zum Sport. Aber das meiste findet doch eher zu Hause statt, weil man da freier ist“, erzählt Karin. Sie hat ihren Schritt, nach Iran zu gehen, bis heute nicht bereut. „Wir sagen zwar, als Frauen haben wir nicht so viele Rechte, aber gehen sie mal in die Metro oder in den Bus, da stehen die jungen Leute noch auf und bieten mir einen Platz an. Das passiert in Deutschland eher

selten. Die Freundlichkeit und Wertschätzung den Menschen gegenüber, das gefällt mir hier im Iran."

Die Party geht langsam zu Ende. Vom Kuchenbuffet wurde gerade mal die Hälfte gegessen. Als ich mich von Karin verabschiede,
fragt sie mich, ob ich nicht mit ihr ins Fitnessstudio kommen
möchte. In der Nähe ihres Wohnhauses hat gerade ein neuer Sport-
klub aufgemacht.

Was fasziniert Sie so am Iran, Frau Neschati?

Wir treffen uns im Dschamschidieh-Park im Teheraner Stadtteil Nia-
varan. Er gilt als eine der schönsten und malerischsten Anlagen der
Stadt. Künstliche Wasserläufe ziehen sich durch das gesamte Areal,
mit einem Wasserfall und einem See. Wanderwege führen bis zum
Gipfel des Berges, von denen man einen atemberaubenden Ausblick
auf Teheran hat. Es gibt zahlreiche Restaurants und Teehäuser. In
einem von ihnen warte ich auf meine Gesprächspartnerin. Claudia
Neschati ist pünktlich. Sie trägt einen langen, roten Mantel aus Lei-
nen. Über ihre blonden Haare hat sie ein weißes Tuch gelegt, es rutscht
fast auf ihre Schulter. Claudia Neschati lebt seit drei Jahren in Teheran. Sie arbeitet für die Kulturabteilung der Deutschen Botschaft,
nebenbei macht sie auch Reiseleitungen und Delegationsbetreuung.

**Sie sind mit einem Iraner verheiratet und wohnen in Teheran. Wie
fühlt man sich als Deutsche in einem Land, wo die Frauen diskriminiert werden, indem sie zum Beispiel ohne Zustimmung ihres
Ehemannes nicht reisen, nicht arbeiten, sich nicht scheiden lassen
dürfen?**

Also natürlich ist es eine Umstellung, wenn man aus Deutschland
kommt. Man kann das Lebensgefühl mit Berlin nicht vergleichen,
absolut nicht. Und man muss sich auf bestimmte Bedingungen

einlassen.. Mir war von Anfang an klar, dass hier im Iran andere Regeln herrschen, und die muss ich entweder akzeptieren oder ich komme einfach nicht nach Teheran. Und ich habe das akzeptiert. Ich halte mich zum Beispiel an diesen Dresscode. Selbstverständlich gibt es in manchen Bereichen auch Einschränkungen für Frauen, aber im Allgemeinen habe ich eigentlich bisher nur positive Erfahrungen gemacht. Also ich kann nicht sagen, dass ich hier diskriminiert oder zurückgesetzt werde, ganz im Gegenteil. Ehrlich gesagt, gerade als Europäerin wird man eher bevorzugt behandelt. Und vor allem, wenn sie merken, dass man sich für die iranische Kultur interessiert, Persisch spricht. Dann sind sie unglaublich zuvorkommend und immer sehr kooperationsbereit, das habe ich auf allen Gebieten immer wieder erlebt. Sowohl bei meiner Arbeit in der Kulturabteilung der Deutschen Botschaft als auch als Reiseleiterin.

Die Sittenwächter sind zwar nicht mehr so präsent auf den Straßen wie noch vor einigen Jahren, zeitweise verbietet Präsident Rohani ihnen sogar zu kontrollieren. Dennoch – wie fühlen Sie sich als Deutsche im Iran?

Ich fühle mich sehr wohl hier. Viele habe mir gesagt, ich sei verrückt, das schöne Deutschland aufgegeben zu haben und nach Iran gezogen zu sein. Außerdem muss ich ständig die Frage beantworten, ob ich Probleme mit dem Tragen eines Kopftuches hätte, was ich immer verneine. Ich finde das nicht so schlimm. Außerdem kann ich eigentlich überhaupt nichts Negatives berichten über Abfälligkeiten oder dass man als Frau schlechter behandelt wird. Aber das ist natürlich auch eine persönliche Einzelmeinung vielleicht. Ich will das gar nicht allgemeingültig sagen, weil ich natürlich einen anderen Status habe als vielleicht eine Iranerin, die jetzt von der Gasht-e Ershad, also von der Sittenpolizei, nun doch eher angesprochen wird als ich mit meinen blonden Haaren. Also man sieht sie nicht so oft, aber ich höre schon von meinen iranischen Freundinnen, dass sie hin und wieder damit konfrontiert sind.

Sie haben sich vor ein paar Jahren entschlossen, Ihrem Mann in seine Heimat Iran zu folgen, haben Ihre Familie und Freunde in Deutschland zurückgelassen. Welche neuen Kontakte haben Sie inzwischen geknüpft?

Also ich habe natürlich an der Botschaft schon viele deutsche Kollegen oder Freunde, aber eigentlich muss ich sagen, dass mein Freundeskreis eher iranisch ist. Also in meinem Alter gibt es erst einmal gar nicht so viele deutsche Frauen. Es gibt natürlich die deutsche Community und die Frauen in der Kirche, die schon seit Jahrzehnten teilweise hier leben und etabliert sind. Aber ich schaffe es aus Zeitgründen nicht, an diesen Treffen dienstags immer teilzunehmen, weil ich eben berufstätig bin. Man kennt sich zwar, aber ich kann jetzt nicht von einer tiefen Freundschaft oder so sprechen. Mein Mann hat einen großen Freundeskreis und mit denen verstehe ich mich auch sehr gut.

Es gibt vieles, was Frauen in der Öffentlichkeit nicht erlaubt ist: Sie dürfen nicht rauchen, nicht singen, es gibt keine Diskotheken. Also die Freizeitaktivitäten sind im Iran sehr eingeschränkt. Wie verbringen Sie mit Ihren Freunden die Wochenenden?

Wir gehen viel in die Natur. Also natürlich gibt es hier wenig Partyleben, es sei denn, man geht privat irgendwo zu jemandem nach Hause. Aber ich bin auch gar nicht so eine Discogängerin gewesen, deshalb schränkt mich das auch nicht besonders ein. Wir fahren zum Beispiel lieber in die Berge. Wir sind jetzt in den Sommermonaten sehr viel wandern gegangen. Jedes Wochenende waren wir mit Berggruppen unterwegs und da gibt es ja sehr viele Communitys, also viele Iraner verabreden sich wöchentlich in den Bergen und dann ist da auch eine ganz andere Atmosphäre. Also es ist ein totaler Unterschied mit Deutschen bergzusteigen als mit Iranern. Die Iraner sind einfach total locker, fröhlich und tragen mit wenigen Mitteln so eine Lebensfreude in sich und zelebrieren das auch so. Das würden Deutsche nicht so machen, die würden nicht sofort so aus sich herauskommen, das ist alles so ein bisschen verschämter. Also das Tanzen, das Lachen, das Fröhlich-Sein, das Gedichte-Zitieren, das gemeinsame Kochen und natürlich muss immer ein Feuer gemacht werden. Das sind so Dinge, da merkt man, da geht den Iranern so richtig das Herz auf und das ist für mich auch total schön, das mitzuerleben.

Im Iran begegnet man ganz unterschiedlichen islamischen Lebensformen. Einerseits gibt es liberale, offene, säkulare Menschen, die nichts von täglichen Ritualen halten, andererseits religiös konservative Menschen, die alle Rituale einhalten. Wie sehen Sie das?

Also ich sehe eine große Kluft im Iran, es gibt ganz viele Dinge nebeneinander, ganz viele verschiedene Lebensformen und gesellschaftliche Schichten, die kulturell unterschiedlich geprägt sind, Iran ist ja auch ein Vielvölkerstaat und natürlich hat man besonders in der Peripherie ganz andere Sitten und Gebräuche als in den großen Städten wie Teheran oder Shiraz.

Können Sie ein Beispiel nennen?

Wir haben das erlebt am Persischen Golf, wo es ganz üblich war, dass die Männer mehrere Frauen hatten. So etwas findet man in Teheran selten bis gar nicht, würde ich sagen. Also das ist eigentlich ein Phänomen, das in den kleineren Provinzen und Ortschaften vielleicht noch zu finden ist. Aber 70 Prozent der Iraner leben ja eigentlich in Städten, sind sehr urban und ich habe die Erfahrung gemacht, dass sie sehr modern eingestellt sind und dass die Männer ihre Frauen eigentlich bei vielen Dingen total unterstützen und ihnen viele Rechte, die sie vom Gesetz her eigentlich nicht haben, zugestehen. Da gibt es intern einen Ausgleich.

Gleichberechtigung ist auch für iranische Frauen ein wichtiges Thema. Die Gesellschaft befindet sich im Wandel. Ein Merkmal dafür ist die Rolle der Frau. Iranerinnen wollen nicht mehr nur Tochter, Mutter oder Ehefrau eines Mannes sein. Sie wollen gleichberechtigte Bürgerinnen sein. Inwieweit hat sich die Rolle der Frau – trotz aller Repressalien in den vergangenen 38 Jahren – verändert?

Ich habe in meinem Umfeld sehr starke Frauen erlebt, die ich wirklich bewundere und wo ich mir denke, dass sie sehr emanzipiert sind. Also was sie unter den Verhältnissen wirklich leisten und zuwege bringen, das ist beeindruckend. Gleichzeitig sind viele Familien noch an bestimmte Rollenmuster, ich will nicht sagen gekettet, aber sie sind daran schon orientiert. Die Frauen werden ständig gefragt, wann sie heiraten. Wann kommen Kinder? Eine Ehefrau muss natürlich auch kochen können, natürlich persisch. Also solche Fragen kommen auch immer wieder auf mich zu. Aber zum Glück kann mein Mann sehr gut kochen und deshalb steht er meistens in der Küche.

Also ein Ringen zwischen Tradition und Moderne?

Ja, genau, aber diese kulturellen Muster gibt es ja auch in Deutschland. Ich meine, wenn man jetzt in Süddeutschland in die Dörfer geht, dann sehe ich da ganz genau die gleichen Verhaltensmuster wie hier, da ist eigentlich fast gar kein Unterschied. So was wie Zusammenleben vor der Ehe, oh nein, das geht doch nicht, wann wird denn endlich geheiratet und so weiter. Also dieselben Denkabläufe, die hier auch vorherrschen, die gibt es in Deutschland durchaus auch noch.

Viele Europäer haben ein ganz falsches Bild vom Iran, sicher auch vermittelt durch die Medien. Doch die Realität sieht in vielerlei Beziehung ganz anders aus. Natürlich lassen einige Frauenrechte noch zu wünschen übrig, aber es hat sich doch auch bereits vieles geändert – oder?

Es gibt alles, was es per Gesetz eigentlich nicht geben darf. Also „weiße Ehen", Liebesbeziehungen, private Partys, deshalb finde ich es immer sehr schwer, für Iran so eine allgemeine Aussage zu treffen und das Land so zu definieren. Es lässt sich nicht definieren, denn es ist einfach so vielschichtig und alle Infos, die man so in den Medien hört – oftmals sind es ja leider negative Infos, obwohl das Bild Gott sei Dank inzwischen vielseitiger und bunter wird –, können die iranische Gesellschaft nicht zur Gänze darstellen. Diese ganzen Bilder und diese Einzeleindrücke, die stimmen ja auch alle, nur ist eben die Frage, wo man den Fokus drauflegt. Lege ich den Fokus jetzt immer auf die Repressionen und die Kopftücher, die getragen werden müssen, oder eben auf die Schönheitsoperationen und die modernen Iranerinnen?

Kaffeekränzchen in der Deutschen Kirche

Im Norden von Teheran, genauer gesagt im Stadtteil Gholhak, liegt die evangelische Christuskirche. Die Kirche und das Pfarrhaus liegen etwa zehn Minuten zu Fuß von der gleichnamigen U-Bahn-Station entfernt. Es ist schwül an diesem Morgen. An manchen Tagen im Sommer kann es schon mal sehr heiß werden. Heute sind bis zu 40 Grad angesagt. Dennoch macht mir die Hitze nicht so viel aus, denn die Luft in Teheran ist eher trocken. Meine Freundin Roya möchte mir die Deutsche Kirche zeigen. Wir treffen uns an der Metrostation Gholhak und gehen von dort zu Fuß weiter. Ich schaue noch kurz auf mein Handy bei Google Maps nach der Richtung, damit wir uns nicht verlaufen. Unterwegs erzählt mir meine Freundin, dass sich die deutschen Frauen jeden Dienstag in der Kirche treffen. Die Frauenarbeit ist ein sehr wichtiger Bestandteil der evangelischen Gemeinde. Das Gotteshaus gilt für sie schon seit Langem als wichtiger Begegnungsort. Die Geschichte der Gemeinde geht zurück bis in die frühen 1960er-Jahre, als die wirtschaftliche Zusammenarbeit Irans mit der Bundesrepublik Deutschland dazu führte, dass immer mehr deutsche Firmen den iranischen Markt für sich entdeckten und Repräsentanzen einrichteten. Mit ihnen wuchs auch die deutsche Auslandsgemeinde, die in den Jahren vor der Islamischen Revolution 1979 mit etwa 12.000 Deutschen in Teheran den Höhepunkt erreichte. 1957 gründeten schweizerische und deutsche Gastarbeiter die Evangelische Gemeinde Deutscher Sprache in Teheran. Seitdem schickt die evangelische Kirche in Deutschland alle paar Jahre Pfarrer nach Iran. Sie bleiben meist für drei Jahre oder auch länger.

Die Christuskirche wurde 1962 zusammen mit dem Pfarrhaus für die Evangelische Gemeinde Deutscher Sprache gebaut. Zu dieser Zeit waren etwa 5000 Deutsche im Iran, deren Zahl in den 1970er-Jahren bis auf 12.000 anstieg. Gholhak war das „Deutsche Viertel", wo sich auch nahe der Kirche die Deutsche Schule befand. Sie war 1978 mit 2000 Schülern die größte deutsche Auslandsschule. Das alles änderte sich 1979 mit der Revolution und dem Krieg. Die meisten Ausländer verließen das Land. Heute leben im Iran vielleicht um die 500 bis 700 Menschen mit deutscher Muttersprache. Sie arbeiten meist in deutschen oder internationalen Unternehmen, bei der österreichischen, deutschen oder schweizerischen Botschaft als Lehrer oder sind deutsche Frauen, die mit Iranern verheiratet sind. Seit den 1950er-Jahren geschah es immer wieder, dass sich junge deutsche Frauen in einen in Deutschland studierenden Iraner verliebten und sich dazu entschlossen, mit ihrem Partner in dessen Heimat zu ziehen und dort als dessen Ehefrau zu leben – trotz einer völlig fremden Kultur und anderer religiöser Bräuche. Schon früh entschloss sich deshalb die evangelische Kirche in Deutschland, diesen Frauen in Teheran eine Anlaufstelle zu bieten, in der sie ihre eigenen Traditionen pflegen konnten. Allerdings gibt es momentan noch wenig deutsche Geschäftsleute im Iran, auf Grund der von den USA und Europa verhängten Sanktionen, die erst im Januar vergangenen Jahres aufgehoben wurden.

Inzwischen sind wir angekommen. Die Kirche liegt versteckt zwischen hohen Wohnhäusern. Das Backsteingebäude hat keinen Turm, denn es dürfen keine Glocken läuten. Wir stehen vor einem riesigen Tor mit blauen Eisenstangen. Es ist angelehnt. Das Klingelschild daneben weist den Weg zum Küster. In der Mitte steht in schwarzen Buchstaben auf goldglänzendem Metall „Kirche deutscher Sprache". Das Gebäude ist von einer hohen gelben Steinmauer umgeben. Wir treten ein und gelangen auf einen Innenhof mit wunderschönen weiß-blühenden Mandelbäumen. Dort befindet sich auch ein Swimmingpool, der von hohen

Mauern umgeben ist. „Manche nehmen bei schönem Wetter ihre Kinder mit und gehen gemeinsam schwimmen – im Bikini und ohne Kopftuch, denn in der Kirche müssen sie ihre Haare nicht bedecken", erzählt Roya. Ansonsten ist die Deutsche Kirche eher schlicht mit einer kleinen Tür, die ins Innere führt. Hinter Glastüren stehen Kirchenbänke und Stühle. Dort haben in dem Hauptteil etwa 100 Leute Platz, dann gibt es einen Nebenraum mit 20 Sitzplätzen und eine Empore, auf der noch einmal etwa 20 Personen Platz nehmen können. Heute sitzen zwölf Frauen an einem großen Tisch. Sie unterhalten sich angeregt. „Wir haben hier immer dienstags unseren Frauentag, wo wir das Frauencafé eröffnet haben", erzählt Pastorin Birte Schulz. Sie hat alle Hände voll zu tun. Die große blonde Frau hat ihr Kopftuch abgelegt, so wie alle anderen auch. Im ersten Stock der Kirche betreibt sie eine Bibliothek, in der sich die Mitglieder für einen kleinen Obolus Bücher ausleihen können. Zusammen mit ihrem Mann ist sie vor einigen Jahren nach Iran gezogen. Insgesamt betreut das Ehepaar etwa 60 Gemeindemitglieder. Zu ihrer Arbeit gehören Taufen, Beerdigungen und Vermählungen. „Wobei es nicht viele Beerdigungen gibt, höchstens ein bis zwei pro Jahr", erzählt Birte Schulz. „Und in den vergangenen Jahren gab es lediglich eine Taufe. Unser Taufbecken stand lange Zeit im Keller", lacht die Pastorin, aber dafür gibt es genug andere Dinge zu tun. „Wir beraten und leisten hauptsächlich Seelsorge. Aber auch die ökumenische Zusammenarbeit und Vernetzung gehört zu unseren Aufgaben."

Seit der Revolution 1979 ist die Zahl der Mitglieder stark zurückgegangen. So ist das Pastorenehepaar der Gemeinde auch noch für die deutschsprachige Seelsorge in mehreren Ländern auf der arabischen Halbinsel zuständig. In regelmäßigen Abständen reist einer von beiden nach Dubai, Oman oder Saudi-Arabien. Die schwindende Mitgliederzahl ist auch der Grund dafür, dass die Taufen, Vermählungen und Beerdigungen in Teheran weniger geworden sind. Dafür ist der Gottesdienst am Freitag – der einzige freie Tag im Iran – geblieben. Er steht allen Christen offen. Allerdings nur auf Englisch oder Deutsch, denn in der üblichen Landessprache Farsi ist es verboten zu predigen. Zwei Mal im Monat gibt es einen englischsprachigen Gottesdienst in Kooperation mit der Internationalen Christlichen Gemeinde. Neben den Juden und Zoroastriern gehören die Christen zu den staatlich anerkannten Religionen und haben Abgeordnete im Parlament (Madschles) sitzen. Wir versammeln uns alle gemeinsam um den Tisch und machen es uns gemütlich. Alle haben etwas zu essen mitgebracht. Die deutschen Frauen haben Süßigkeiten und Kekse gebacken – es gibt sogar deutschen Apfelkuchen und deutsches Brot. „Inzwischen kann man hier die meisten Back-Zutaten kaufen", erzählt Pastorin Birte Schulz. „Oder wir bringen uns die Sachen aus Deutschland mit." Alle Frauen schnattern wie wild durcheinander. Gebannt lausche ich ihren Gesprächen. Dabei erfahre ich, dass die Mitglieder der Evangelischen Gemeinde unter anderem den Erdbebenopfern von Bam helfen. Die Stadt liegt im Landesteil Kerman und wurde am 26. Dezember 2003 fast vollständig zerstört. Viele kleine Kinder wurden damals Opfer des verheerenden Unglücks. Diejenigen, die das Erdbeben überlebten, sind heute Jugendliche oder Erwachsene. Das Erdbeben ist Vergangenheit und gerät bei der Weltbevölkerung immer mehr in Vergessenheit. Niemand wolle hier noch helfen oder spenden, erzählt mir meine Sitznachbarin Karin. Deshalb unterstützt das Pfarrer-Ehepaar und die Mitglieder der Kirche die Erdbeben-Kinder von Bam, bis sie mit der Schule fertig sind oder eine Ausbildungsstelle gefunden haben. Karin besucht regelmäßig den Gottesdienst, weil sie nach einem furchtbaren Erlebnis Halt in der Kirche gefunden hat. „Eines Tages, am Anfang der Revolution, kam ich nach Hause und fand meinen Mann leblos im Wohnzimmer liegen", erzählt Karin mit weinerlicher Stimme. Ein paar Tränen kullern ihre Wangen hinunter. Den wahren Grund für das schreckliche Verbrechen hat sie bis heute nicht erfahren. Mit 23 Jahren ist sie nach Teheran gekommen. In Deutschland studierte sie damals Archäologie. Auf einer Reise mit ihren Kommilitonen hatte die heute 57-Jährige ihren Mann kennengelernt. Er hatte damals beim iranischen Fernsehen gearbeitet. „Vielleicht hat er sich nicht immer korrekt verhalten während der Revolution", sagt sie mit gesenktem Kopf. Mit einem Taschentuch wischt sie sich die Tränen aus dem Gesicht. Auch Angelika kommt oft in die

Kirche. Sie lebt seit einigen Jahren in Teheran. Damals folgte sie ihrem deutschen Ehemann nach Iran. Ihr Mann ist bei einer deutschen Firma in der iranischen Hauptstadt beschäftigt. An das Kopftuch hat sie sich inzwischen gewöhnt. „Ich lebe gerne hier", sagt sie mit einem Lächeln im Gesicht. Auch wenn es manchmal etwas anstrengend sei, denn die Wege von einem Ort zum anderen seien oft weit und meistens stecke sie im Stau. „Wenn ich einen Termin habe, so wie heute im Frauencafé in der Gemeinde, bin ich danach auch erschöpft. Ich engagiere mich in der Frauenarbeit, ich mache ein paar ehrenamtliche Sachen in der Deutschen Schule in Teheran." Jeden Tag hat die 42-Jährige irgendeinen Programmpunkt, aber mehr als zwei Termine schafft sie einfach nicht. „Iran ist ein tolles, gastfreundliches und sehr ausländerfreundliches Land, das einen sehr eigenen Weg zu gehen versucht. Aber es ist auch ein sehr anstrengendes Land, besonders für Frauen, mit total anderen Rechtsvorstellungen", erzählt Angelika.

„Die Zensur und Kontrolle der Regierung ist allgegenwärtig." Vor zwei Jahren musste die Kirche ihr Kulturprogramm in der Gemeinde einstellen, da über Facebook publik geworden war, dass junge Künstler und Künstlerinnen frei und unzensiert auftreten konnten. Viele Frauen werden auch kein Mitglied, aus Angst, ihre Familie zu gefährden. Zwar ist das Christentum offiziell eine anerkannte Minderheit, Konvertiten jedoch riskieren ihr Leben beziehungsweise Gefängnisstrafen. Dennoch ist Iran das säkularste Land des Nahen Ostens, große Teile der Bevölkerung erleben den staatlich verordneten Islam als schwierig, die Moscheen sind oft leer. Und wer hätte das gedacht? Im Iran leben die meisten Juden im Gebiet des Mittleren Ostens und in Asien. Insgesamt sind es etwa 35.000 Menschen jüdischen Glaubens, die gleichberechtigt sind, und das schon seit Tausenden von Jahren. Im iranischen Parlament sitzt sogar ein jüdischer Abgeordneter neben seinen muslimischen Kollegen. Es gibt im ganzen Land insgesamt 25 Synagogen, davon alleine 18 in Teheran. Die Juden dürfen ihre Religion und Kultur frei ausüben. Sie sind laut iranischer Verfassung gleichgestellt und geschützt. Das trifft auch auf die anderen religiösen Minderheiten wie beispielsweise armenische Christen zu. Doch das gilt nicht für die Anhänger der Bahai-Religion, denn die sind völlig ohne Rechte. Angehörige der Glaubensgemeinschaft werden nach wie vor drangsaliert und diskriminiert. Nach Informationen der International Bahai Community BIC hat sich die Situation der etwa 300.000 Bahai – der größten religiösen Minderheit im Iran – in den vergangenen Jahren verschlechtert. Die Bahai achten den Koran, sehen aber Mohammed nicht als den letzten Propheten. Für sie gibt es nur einen Gott und sie sind der Meinung, dass alle Religionen und Menschen eine Einheit bilden, gleich welcher Nation oder Kultur sie angehören. Sie kennen keinen Klerus, Männer und Frauen gelten als gleichwertig.

Um dem Alltag hin und wieder zu entkommen, unternimmt Angelika – gemeinsam mit anderen Kirchenmitgliedern – regelmäßig verschiedene Tagestouren. „Dann machen wir Ausflüge mit den Frauen in einen Garten oder zu irgendeinem anderen schönen Ort, wo wir etwas freier sein können", erwidert Birte Schulz. Einmal im Monat, an einem Mittwoch, werden Filme gezeigt. Am Freitag vor dem ersten Advent treffen sich schon seit Jahrzehnten alle zum Weihnachtsbasar. Alle Mitglieder helfen mit und der Erlös fließt in die Gemeindearbeit oder in soziale Projekte im Land, die unterstützt werden. Jedes Frühjahr geht es sogar auf große Reise. Dann besuchen die Mitglieder eine der Kulturstätten Irans: Shiraz, Isfahan, Yazd oder Persepolis standen schon auf dem Programm. Im vergangenen Jahr hat eine Gruppe von Frauen sogar eine Wüstentour durch die Dashte Kavir gemacht. Drei Tage haben sie gezeltet. Mitten in der Pampa, ohne Toilette und Dusche. „Es war ein tolles Erlebnis", schwärmt Angelika. „Wir sind einer Herde von Kamelen begegnet, haben unser Essen auf einem Gaskocher zubereitet und konnten uns völlig frei bewegen."

Es werden auch Programme speziell für Touristen zusammengestellt, denn immer mehr Besucher strömen aus dem Ausland nach Iran. In den ersten Jahren kamen nur wenige Touristen, die Museen und kulturellen Sehenswürdigkeiten wurden fast nur von den Einheimischen besichtigt. Doch seit Reisen nach Syrien und in die angrenzenden Länder unmöglich geworden sind und seit der Wahl des moderat auftretenden Präsidenten Rohani 2013 verzeichnet Iran einen regelrechten Besucheransturm. Die Gemeinde entwickelte daraufhin ein Touristenprogramm mit Vorträgen und Führungen. Natürlich gibt es auch Frauenfeiertage wie den Muttertag, an dem sich dann alle treffen. Und einmal im Jahr wird Karneval gefeiert. Die Frauen kommen verkleidet als Clown, Squaw, Putzfrau oder Geisha. Alle tragen bunte Kleider in den verrücktesten Farben und Formen – auf dem Weg zur Kirche darüber allerdings einen langen Mantel. Und nicht zu vergessen: Weihnachten wird selbstverständlich auch groß gefeiert. „Ich stelle jedes Jahr einen Baum auf und schmücke ihn", erzählt mir meine deutsche Freundin Britta, die schon seit vielen Jahren im Iran lebt – zusammen mit ihrem iranischen Ehemann und drei Kindern. Ich habe es mit eigenen Augen gesehen: In den Schaufenstern entlang der großen Straßen von Teherans Innenstadt und in der Vali-Asr-Straße, die in den Norden der Hauptstadt führt, blinken zu Weihnachten geschmückte Bäume. Darunter liegen rote, grüne und goldene Geschenke. Sogar die großen Hotels und Einkaufspassagen haben im Foyer riesige, bunt geschmückte, glitzernde Bäume stehen. Daneben Weihnachtskrippen mit der Jungfrau Maria, Josef und dem Christkind. „Wie die anderen Christen auf der Welt feiern wir zu Hause mit unseren Familien und Freunden Weihnachten und tauschen Geschenke aus", erzählt Britta. Die Geschäfte mit den Bäumen und Dekorationen laufen gut, trotz der ziemlich hohen Preise. Da die Regierung das Abholzen von Tannenbäumen seit Jahren verbietet, müssen die Christen sich mit Kunstbäumen zufriedengeben. Kleine, künstliche Weihnachtsbäume bekommt man für etwa 100 Euro. Daneben gibt es auch Luxusvarianten wie eine Kiefer von bis zu zwei Metern Höhe für bis zu tausend Euro. Öffentliche Weihnachtsmärkte gibt es in der Islamischen Republik jedoch nicht. Nur bei einigen kirchlichen Einrichtungen – wie in der Deutschen Gemeinde in Teheran – werden selbstgebastelte Sachen ausgestellt und verkauft. Erwachsene schenken sich kaum etwas, vor allem die Kinder werden zu Weihnachten beschenkt. Sie bekommen neue Kleider, wie beim iranischen Neujahrsfest „Noruz", welches am 21. März gefeiert wird. „Das hat zwar nichts mit uns Muslimen zu tun", sagt meine Freundin Roya, die jedes Jahr mit ihren Kindern Weihnachten feiert, „aber die Kleinen freuen sich so sehr darüber. Das Schönste ist, wenn ich in ihre leuchtenden Augen schaue, wenn sie den geschmückten Baum mit den Geschenken sehen." Den Baum besorgt die Familie aus einem Armenier-Viertel der Hauptstadt. Neben einigen muslimischen Familien feiern hauptsächlich iranische Christen Weihnachten. Der Gang in die Kirche ist für viele von ihnen der Höhepunkt des Weihnachtsfestes. Jüngste Statistiken besagen, dass etwa hunderttausend Christen im Iran leben. Die meisten von ihnen sind Armenier und orthodoxe Georgier. Nach der Messe treffen sich die Familien zu Hause und essen gemeinsam Gans, allerdings mit Reis. Aber auch Fisch und Reis gehören inzwischen zum traditionellen Weihnachtsessen. An den folgenden Tagen besuchen sich die Familienangehörigen gegenseitig und verbringen viel Zeit miteinander – sie plaudern, essen oder machen gemeinsam Musik. Auch in der Deutschen Kirche gibt es besonders in der Weihnachtszeit Konzerte. Dann singen alle Mitglieder gemeinsam Weihnachtslieder und essen Kekse, die von den Frauen gebacken werden. Oft bieten aber auch die Bäckereien in den armenischen Vierteln weihnachtliches Gebäck zum Verkauf an. Bei einem meiner Besuche in einer armenischen Gemeinde gab es sogar Alkohol. Im Iran sind Konzerte und der Genuss von Alkohol eigentlich streng verboten. Sicherheitskräfte sorgen deshalb dafür, dass Muslime dort keinen Zutritt haben. Im Gegensatz zu den meisten umliegenden muslimischen Ländern, die öffentliche Weihnachtsfeiern verbieten, gibt es im Iran für Christen jedoch keinerlei Einschränkungen.

Ein eindrucksvoller Tag in der Deutschen Kirche in Teheran geht zu Ende. Meine Freundin Roya und ich machen uns wieder auf den Weg.

Später war ich noch des Öfteren zu Besuch in der evangelischen Gemeinde, zusammen mit meiner Tochter Mina, die in den heißen Sommermonaten vor allem das Schwimmbecken genossen hat.

Hundert Jahre Frauen- bewegung V (1997–2017)

Sittenwächter, Kampf und neue Hoffnung

Als im Jahre 1997 der moderate Geistliche Mohammad Chatami gegen den erklärten Willen des konservativen Establishments mit einer überwältigenden Mehrheit zum Präsidenten gewählt wurde, standen Meinungsfreiheit und politische Öffnung auf seiner Agenda. Er war der Liebling der Intellektuellen. Der eher liberale Präsident bewirkte eine Lockerung der Zensur in den Künsten und der Presse. Während der Wahlen 1997 und 2001 waren es vor allem junge Menschen und Frauen, die dem Reformer Chatami zum Erfolg verhalfen. Nach seinem ersten Sieg reformierte er viele Gesetze, die Frauen benachteiligten, und ermöglichte es ihnen, Organisationen und Vereine zu gründen. Irans neuer Präsident ernannte die 36-jährige Massumeh Ebtekar, eine in den USA ausgebildete Chemieprofessorin, zur Vizepräsidentin. Der Präsident wollte damit deutlich machen, dass er seine Wahlkampfversprechungen ernst meinte. Bereits vor den Wahlen hatte der gemäßigte islamische Gelehrte von Toleranz und Dialog gesprochen. Und er hatte sich für eine größere Rolle der Iranerinnen im öffentlichen Leben engagiert und damit bei vielen Jugendlichen und besonders bei den Frauen Anklang gefunden: „Nicht Geschlecht, sondern Verdienst und Befähigung sind die Kriterien dafür, wem in Politik und Gesellschaft des islamischen Systems Verantwortung übertragen wird", lautete einer seiner Grundsätze. Den Iranerinnen versprach Chatami die Gelegenheit, „auch auf Managerebene stärker vertreten zu sein". Sie besäßen die Fähigkeit und das Recht dazu. Schon damals hatten die Frauen einiges erreicht. Noch nie saßen im Parlament so viele weibliche Abgeordnete: Immerhin 13 sind es, unter 257 Männern. Zum ersten Mal wurde auch eine Frau zur Bürgermeisterin ernannt. Die 34-jährige Zahra Sadr-Azam Nuri verwaltete den siebenten Bezirk Teherans im reichen Norden der Stadt, mit damals 500.000 Einwohnern. Iranerinnen stellten ein Drittel der Arbeitskräfte. Mehr Frauen als je zuvor leiten und besitzen heute Unternehmen. Irans erste Busfahrerin, die 50-jährige Soltan Balaghis, legt regelmäßig tausend Kilometer lange Routen zwischen Teheran und dem südlichen Kerman zurück. Die städtischen Teheraner Busbetriebe haben begonnen, auch Frauen als Fahrerinnen auszubilden. Es klingt zwar etwas grotesk, aber auch damals schon mussten weibliche Passagiere im hinteren Teil öffentlicher Busse Platz nehmen, von den Männern getrennt.

Shirin Ebadi – ein Name, der untrennbar mit der iranischen Bewegung zur Befreiung der Frauen verbunden ist. 2003 bekam sie für ihr politisches Engagement den Friedensnobelpreis verliehen. Auf einer Kundgebung am Frauentag des 8. März in Teheran sagte die couragierte Anwältin: „Unsere von Männern dominierte Gesellschaft ist krank. Sie achten nicht die Mütter, die ihnen das Leben gaben." Immer wieder setzte sich Ebadi für die Rechte der Frauen im Iran ein. Und das auch mit kleinen Erfolgen, so gab es damals zumindest kein Make-up-Verbot mehr. Im Jahre 1975 wurde sie eine der ersten Richterinnen des Landes. Doch vier Jahre später, als die Islamische Republik ausgerufen wurde, musste sie ihr Amt wieder abgeben. Die Mullahs befanden die Frauen für die Arbeit als „zu emotional". Seither setzt sie sich für die Rechte der Frauen und Kinder ein.

Einige Zeit später – im Jahre 2006 – sammelten Frauenaktivistinnen im Iran eine Million Unterschriften für eine Kampagne zur rechtlichen Stellung der iranischen Frauen. Damit wollten sie eine Änderung der Rechtslage für Frauen vor das Parlament bringen. Hunderttausende Frauen und Männer schlossen sich dieser Kampagne an. Sie alle strebten einen aufgeklärten, zeitgemäßen Islam an, wollten Gleichberechtigung auf allen Ebenen. „Reformen sind nicht unmöglich", erklärt auch Rechtsanwältin und Friedensnobelpreisträgerin Shirin Ebadi. Sie hatte die Kampagne damals mit ins Leben gerufen. Insgesamt 54 Iranerinnen und Iraner gründeten eine Initiative nach der gewaltsamen Niederschlagung eines friedlichen Protestes am 12. Juni gegen frauendiskriminierende Gesetze im Iran auf dem Haft-e-Tir-Platz in Teheran. 70 Teilnehmer – darunter 42 Frauen und 28 Männer – wurden festgenommen. In zwei bis drei Jahren wollte die Bewegung eine Million Unterschriften zusammen haben. Doch die Regierung verhinderte die Kampagne von Anfang an. Dutzende Aktivistinnen und Aktivisten wurden wegen „Propaganda gegen die Islamische Republik" oder „Teilnahme an einer nicht genehmigten Demonstration" verhaftet. Die Machthaber fühlten sich von derartigen Bewegungen attackiert und griffen hart durch. Die Regierung Ahmadinedschad verabschiedete ein Gesetz, wonach ledige Frauen unter 40 Jahren ohne Zustimmung der Eltern oder eines anderen Vormundes nicht ausreisen dürfen. Auch die weiblichen Abgeordneten des iranischen Parlaments stimmten übrigens für dieses Gesetz. Trotz aller Verhaftungen und Misshandlungen, die die Unterstützerinnen dieser Kampagne im Iran erlitten, war sie nicht kleinzukriegen. Am 21. Januar 2009 wurde die Kampagne in Frankreich mit dem „Simone-de-Beauvoir"-Preis ausgezeichnet.

Im selben Jahr kam es nach den umstrittenen Präsidentschaftswahlen zur „Grünen Revolution". Die iranische Opposition wählte bewusst die Farbe Grün, die als Farbe des Islam gilt. Die Unterstützer Mussavis wollten damit deutlich machen, dass sie sich zum Koran bekannten, um damit politisch-religiös motivierten Anfeindungen die Substanz zu nehmen. Nachdem Ahmadinedschad angeblich mit einem großen Abstand die Wahlen gewonnen hatte, gingen viele junge Menschen, darunter auch viele Frauen, auf die Straße. Sie hatten ihre Stimme Mir Hossein Moussavi gegeben. Mit Schildern in den Händen liefen sie durch die Städte mit der Aufschrift: Wo ist meine Stimme? Sie warfen dem Regime vor, die Ergebnisse der Präsidentschaftswahl gefälscht zu haben. Doch der Protest wurde blutig unterdrückt. Die Mullahs reagierten mit massiver Härte gegen die Demonstranten, Teheran wurde zum Schlachtfeld. Polizisten prügelten auf wehrlose Menschen ein. Die Folge waren zahlreiche Tote, wie die Studentin Neda Agha-Soltan, die durch ihren gewaltsamen Tod zur Ikone der iranischen Widerstandsbewegung wurde. Die Situation nach den Präsidentschaftswahlen 2009 wurde für viele Aktivistinnen noch schwieriger. Eine ganze Reihe von ihnen musste das Land verlassen, andere sitzen noch immer im Gefängnis. Bis heute hat Iran – neben fünf anderen Ländern – die UN-Konvention zur Beseitigung jeder Form von Diskriminierung der Frau nicht unterzeichnet.

Doch heute sind die iranischen Frauen keineswegs stumme Dienerinnen der Männer, sondern in allen Bereichen aktiv – trotz Kopftuch. Bei Kommunalwahlen können sie kandidieren und ihnen stehen fast alle Berufssparten offen. Und so drängen Iranerinnen 36 Jahre nach der Islamischen Revolution auf den Arbeitsmarkt: Sie sind Architektinnen, Managerinnen oder Ministerinnen.

Im Parlament sitzen neun weibliche konservative Abgeordnete. Vom Frauenanteil bei den Hochschuldozentinnen kann man in Deutschland nur träumen. Im November 2015 hat Marzieh Afkham als erste Botschafterin ihren Posten in der malaysischen Hauptstadt Kuala Lumpur angetreten. Nur Richterinnen dürfen iranische Frauen nicht werden und auch keine heiligen Texte auslegen. Heutzutage arbeiten Frauen auch als Journalistinnen, Fotografinnen oder Regisseurinnen. Mindestens zwei von ihnen haben mittlerweile Weltruhm erlangt: Rachschan Bani-Etemad präsentierte im Jahre 2002 ihren Film „Unsere Zeit" (Ruz-e gar-e ma) über Jugendliche im iranischen Präsidentschaftswahlkampf 2001 und eine Frau, die sich als Kandidatin aufstellen lassen will. „Freiheit wird einem nicht geschenkt, man muss sie sich holen", äußerte die Filmregisseurin damals und gab sich zuversichtlich: Es werde nicht gelingen, die erreichten Freiheiten zurückzunehmen. Die Regisseurin und Drehbuchautorin Samira Makhmalbaf drehte bereits im Alter von 18 Jahren den preisgekrönten Film „Der Apfel". Auch als Autorinnen haben Iranerinnen inzwischen Fuß gefasst. Die Romane von Frauen erobern die

Bestsellerlisten und inzwischen gibt es mehr als 300 Verlegerinnen. Frauenstellen heute ein Drittel der Arbeitskräfte im Land: Ärztinnen, Bürgermeisterinnen, Lehrerinnen, Polizistinnen und sogar die klassische Männerdomäne des Nahen Ostens, den Straßenverkehr, haben sie erobert, denn sie fahren Taxi.

Dass iranische Frauen sich widersetzten, ist nicht neu. Schon 1979 – kurz vor der Revolution – setzten sie sich gegen die Diktatur des Schahs zur Wehr. Seitdem finden die Forderungen der Frauen wieder Gehör. In der Nähe des Hauses meiner Freundin – im Stadtteil Saadat Abad – gibt es sogar einen Park, der einmal in der Woche nur für Frauen zugänglich ist. Eine drei Meter hohe grüne Mauer aus Wellblech schützt sie vor den Blicken der Männer. Hier tragen alle ihr Haar offen, laufen in Jogginghosen und kurzen Tops die Wege entlang oder fahren Fahrrad in knappen Shorts – auch das ist Teheran im Sommer. Verlassen die Frauen den Park, müssen sie sich wieder nach den islamischen Gesetzen verhüllen.

Epilog

Wenn wir etwas über Iran hören, dann denken wir in erster Linie an Mullahs, Hasstiraden gegen die USA und Israel, Wüsten und unterdrückte Frauen. Sicher ist vieles am Mullah-Staat zu kritisieren, dennoch ist das Bild verzerrt. Seit George W. Bush 2002 Irak, Iran und Nordkorea zur Achse des Bösen erklärt hatte, wurden diese Länder im Anschluss systematisch als Reich der Bösen mit einer bis dahin beispiellosen PR-Kampagne belegt. Auch lange vor Trump schreckte man vor Lügen nicht zurück, die im Falle des Irak als Kriegsgrund herhalten sollten. Um Iran zu verstehen, hilft ein Blick in die Geschichte. Das Land hat eine siebentausendjährige Kulturgeschichte und ist ein Vielvölkerstaat. Hier leben Perser, Araber, Belutschen, Kurden und Turkmenen. Und es gibt verschiedene Religionen: Die Mehrheit sind die Schiiten, dann gibt es aber auch Sunniten, Zoroaster – die Ursprungsreligion ist mehr als zweieinhalbtausend Jahre alt. Dann gibt es auch noch Juden und Christen. Es gibt alleine 500 Kirchen im Iran; die Religionen sind keinerlei Verfolgung ausgesetzt, so sie nicht aggressiv missionieren.

Iran ist ein geopolitisches Filetstück, es verbindet das Kaspische Meer mit dem Persischen Golf, es verbindet Ost und West, die Türkei mit Afghanistan, Turkmenistan, Pakistan und Iran hat alle Ressourcen, die man sich nur vorstellen kann: Ölquellen, riesige Gasfelder und mehr.

Das Land kann auf eine lange Geschichte zurückblicken. In der Vergangenheit gab es nicht einen einzigen Krieg, der von den Iranern angefacht wurde. Obgleich Amerikaner und Engländer aus wirtschaftlichen Gründen dem Iran oft böse mitgespielt haben und trotz der Reaktionen durch Hasspredigten der Mullahs gibt es eine große Bereitschaft der Menschen zu einem friedlichen und produktiven Miteinander für eine bessere Zukunft. Nach den völlig überzogenen Sanktionen in der Vergangenheit sollten vor allem die Europäer erkennen, dass Iran der Stabilisator im Mittleren Osten ist, der durch seine Einstellung zum Leben dort für eine friedliche und produktive Koexistenz sorgen kann und dass ohne dieses Land keine friedliche Zukunft möglich ist. Schließlich liegen im Iran – dem ehemaligen Persien – die Wurzeln der europäischen Kultur. Und diese gemeinsame Basis sollte aufgebaut und gefördert werden. Die Iraner sind zudem – und gegenüber Deutschen insbesondere – ein gastfreundliches, humorvolles, warmherziges Volk. Es gehört fast zur Pflicht, bei jedem Besuch Tee zu trinken, und man kommt sehr schnell ins Gespräch. Unter den Menschen herrscht ein guter Geist von Respekt, die Jungen verhalten sich rücksichtsvoll gegenüber den Alten oder auch Männer gegenüber den Frauen. Schlechtes Image durch westliche PR-Kampagnen, aber auch eigene kritikwürdige Politik haben die Menschen nicht verdient.

Mit Vorurteilen anreisende westliche Touristen werden erstaunlich schnell das Gefühl los, dass die Frauen mit Kopftuch die zweite Geige in der Gesellschaft spielen. Auch ich bin auf meinen zahlreichen Reisen durch meine zweite Heimat vielen willensstarken und selbstbewussten Frauen begegnet, die ihren Männern auf die eine oder andere Art und Weise gesagt haben, wo es langgeht. Also die Rechte der Frauen werden mehr als respektiert, es klingt in den Ohren und Augen der westlichen Welt vielleicht etwas paradox, weil die Kleiderordnung verwirrt. Diese wird je nach Gegend mehr oder weniger streng gehandhabt: In den Pilgerstädten wie Ghom oder Mashad ist man sehr streng, in den großen Städten wie Shiraz oder Isfahan wird es eher locker getragen, im Norden von Teheran ist es nur noch symbolhaft angedeutet. Aber es wird generell von den Frauen nicht so sehr als Unterdrückungssymbol gesehen.

Es war Ende der 1950er-Jahre, als meine Mutter sich in Hamburg in meinen persischen Vater verliebte und ihn später heiratete. Mehrmals verbrachten sie einige Wochen in seiner Heimat Iran. Damals lebten die Frauen modern und frei, erzählt meine Mutter noch heute. In den Modegeschäften hingen auf Kleiderbügeln die modernsten Kleider von bekannten Designern wie Dior, Gucci oder Armani. Der Schah ließ den neuesten Look aus Paris einfliegen. Als meine Mutter ihre Wäsche zum Reinigen brachte, bekam sie ihre Kleider zurück auf einem Bügel, alles war mit Plastikfolie überzogen, damit die Kleidung nicht schmutzig wurde – so etwas gab es in Deutschland noch gar nicht. Die Hauptstadt Teheran verstand sich als das „Paris im Nahen Osten", modern, urban, kulturell aufgeschlossen. Aber Teheran war nicht Iran und die Mehrheit der Bürger war weder reich noch bereit, ihre islamischen Wurzeln zu verleugnen. Ein Grund für das Scheitern des Schah-Regimes.

Frauen, die um ihre Rechte kämpften, gab es schon lange in muslimischen Ländern. Anfangs setzten sie sich Seite an Seite mit ihren Männern für die Unabhängigkeit von den Kolonialmächten sowie für Fortschritt und Reformen ein. Doch später ging es Generationen von muslimischen Frauenrechtlerinnen hauptsächlich um ihr Wahlrecht, um politische Partizipation, das Recht auf schulische wie universitäre Bildung und um das Recht, einen Beruf auszuüben. Zu jener Zeit waren sie eher säkular ausgerichtet und haben sich gegen die Einführung der „Scharia", des islamischen Rechts, ausgesprochen. Später haben sich jedoch auch innerhalb der islamischen Bewegungen Frauen stark gemacht und forderten ihre Rechte im Rahmen ihrer Religion. Ob säkular begründet oder religiös: Besonders umstritten sind die vom islamischen Gesetz bestimmten Vorschriften, die Heirat, Scheidung und Kinderversorgung regulieren.

Die Frauen im Iran haben im Vergleich zu den anderen Ländern des Persischen Golfs und des Mittelmeeres viel mehr Rechte. In Saudi-Arabien zum Beispiel dürfen Frauen nicht einmal wählen oder in der Regierung arbeiten. Auto fahren schon gar nicht. Im Iran sitzen Frauen im Parlament und in vielen Führungspositionen von Wirtschaft und Verwaltung.

Aber sicher gibt es für die Frauen Irans noch viel zu tun. Der Mut dazu ist seit Langem da. Schon 1919 schrieb die Frauenrechtlerin der ersten Stunde, Sadhige Daultabadi: „Und wenn sie glauben, dass wir Angst haben und uns den Mund verbieten lassen oder einknicken, dann irren sie sich."

In der Islamischen Republik Iran wächst eine Jugend heran, die wissbegierig ist, die bereit ist zu lernen. Und sie sind stolz darauf, Iraner zu sein, stolz auf ihre Kultur, ihren Glauben und ihre Traditionen. Die Menschen wollen zeigen, dass ihr Land anders ist, als viele glauben. „Denn Iran ist nicht so, wie es die Presse und Medien darstellen", lautet der immer wiederkehrende Satz bei Gesprächen mit den Iranern. Sie wollen den Ausländern das wirkliche Bild vermitteln und zeigen, dass sie mit der Welt auf Augenhöhe zusammenarbeiten wollen. Ihre Mentalität ist nicht gleichzustellen mit den Ayatollahs und der gesamten Geistlichkeit. Und Iran wird auch diese Phase überwinden, wo in der Welt gibt es bei vergleichsweise freien Wahlen Wahlbeteiligungen von rund 80 Prozent? Die Menschen sind sehr modern in ihrer Denkweise und sie wünschen sich einen vorsichtigen Wandel. Vieles passiert hinter den eigenen vier Wänden, noch ganz versteckt und heimlich.

Angst macht die aktuelle Politik im September 2017: Man mag es nicht glauben, aber nicht nur Trump, sondern auch der ehemalige amerikanische Außenminister Henry Kissinger ruft indirekt zum Krieg gegen Iran auf: Kissinger warnt ausgerechnet vor den Folgen einer Niederlage des sogenannten Islamischen Staates (IS). Iran könne das dadurch entstehende Machtvakuum ausfüllen und in der Folge ein „radikales iranisches Imperium" im Nahen Osten errichten. Dies dürfe der US-Präsident nicht zulassen, mahnt Kissinger in einem Beitrag für das Londoner Centre for Policy Studies. Donald Trump selbst hat nie einen Hehl daraus gemacht, dass er gern aus dem Atomabkommen mit Iran aussteigen würde, das er als schlechtesten Deal aller Zeiten bezeichnete.

Der Atomdeal, der vor zwei Jahren von den fünf UN-Vetomächten und Deutschland mit Iran abgeschlossen wurde, war ein großer

Erfolg seines Vorgängers Obama. Er wurde als Sieg von Geduld und Diplomatie über die Scharfmacher gefeiert. Die Verhandlungen waren langwierig, das erreichte Ergebnis steht jetzt auf der Kippe. Dafür, dass Iran sein Atomprogramm nicht weiter ausbaut, sollten die Wirtschaftssanktionen gelockert und teilweise aufgehoben werden. Sogar der amerikanische Geheimdienst geht davon aus, dass Iran den militärischen Teil seines Urananreicherungsprogramms schon vor Jahren aufgegeben hat.

Die neue, alte Kriegsrhetorik aus den USA macht nicht nur den Menschen im Iran Angst. Die möglichen Folgen sind ein Wiedererstarken der konservativen amerikafeindlichen Mullahs im Land und – man mag es sich nicht vorstellen – ein Krieg gegen Iran. Dieser, da sind sich alle einig, würde im Gegensatz zu dem Überfall auf den Irak den gesamten Nahen und Mittleren Osten in Brand setzen und mit hoher Wahrscheinlichkeit den NATO-Bündnisfall auslösen, und damit wäre auch Deutschland dabei.

Ich wünsche mir für Iran einen guten Weg zu mehr Freiheit und einer friedvollen Zukunft.

Bita Schafi-Neya im September 2017

Danksagung

Ich möchte all denen danken,
die mich bei diesem Buch unterstützt haben:

Meinem Mann Martin und meiner Tochter Mina
für ihre Geduld und ihr Verständnis.
Meinen Verlegern Konstanze und Bernhard Borovansky
für ihr Vertrauen.
Mario Wurmitzer für das ausgezeichnete Lektorat.
Anita Luttenberger vom Braumüller Verlag
für ihre aufmunternden Mails.
Meiner Freundin Cosima Alea Hettinger (Atelier Cosi Alea)
für die wundervollen Zeichnungen.
Und meinen vielen deutschen und iranischen Freunden und
Bekannten, die teilweise in diesem Buch eine Rolle spielen oder mir
für Fragen und Interviews zur Verfügung standen.

Bita Schafi-Neya

Mögen deine Augen leuchten

Meine Reise durch den Iran

176 Seiten, 14,8 x 21 cm
€ 21,90
ISBN 978-3-99100-177-5

Ein Land mit Repressionen, hoher Arbeitslosigkeit und Kontrollen durch Sittenwächter einerseits, erwachender Lebenslust und einem relativ gut funktionierenden Alltag andererseits. Mindestens einmal im Jahr fährt Bita Schafi-Neya in ihre „zweite Heimat". Sie besitzt sowohl die deutsche als auch die iranische Staatsbürgerschaft und hat im vergangenen Jahr vier Monate im Iran verbracht. Während ihrer Aufenthalte hat sie sich ein Bild vom heutigen Iran gemacht. Selten wird in den Medien positiv über das Land berichtet: Es geht um Begriffe wie Atomkonflikt, totalitäres Regime, fundamentalistischer Mullahstaat, Israelkonflikt. In ihrem Buch macht die Autorin deutlich, dass Iran anders ist.

www.braumueller.at

braumüller